巅峰之路
体育运动背后的科学真相

（法）阿芒迪娜·阿夫塔林（Amandine Aftalion）　著

吴延国　译

北方联合出版传媒（集团）股份有限公司

辽宁科学技术出版社

Originally published in France as:
Pourquoi est-on penché dans les virages? by Amandine Aftalion
© CNRS Editions 2023
Current Chinese translation rights arranged through Divas International, Paris
巴黎迪法国际版权代理（www.divas-books.com）

© 2024 辽宁科学技术出版社
著作权合同登记号：第06-2024-64号。

图书在版编目（CIP）数据

巅峰之路：体育运动背后的科学真相 /（法）阿芒迪娜·阿夫塔林（Amandine Aftalion）著；吴延国译. -- 沈阳：辽宁科学技术出版社，2024.7. -- ISBN 978-7-5591-3665-7

Ⅰ．G8
中国国家版本馆 CIP 数据核字第 20249M92Q6 号

出版发行：辽宁科学技术出版社
　　　　　（地址：沈阳市和平区十一纬路25号　邮编：110003）
印 刷 者：凸版艺彩（东莞）印刷有限公司
经 销 者：各地新华书店
幅面尺寸：145 mm × 205 mm
印　　张：5
字　　数：150 千字
出版时间：2024 年 7 月第 1 版
印刷时间：2024 年 7 月第 1 次印刷
责任编辑：张歌燕
封面设计：琥珀视觉
版式设计：义　航
责任校对：王玉宝

书　　号：ISBN 978-7-5591-3665-7
定　　价：59.80元

联系编辑：024-23284354
邮购热线：024-23284502
投稿信箱：59678009@qq.com

目录

第三章

球 类

第四章

水、风和温度

第五章

旋 转

第六章

数据统计

图片来源

本书中插图人物由埃斯特尔·乔沃德（Estelle Chauvard）设计。

第 11 页照片由埃瑞克·范·利文（Erik van Leeuwen）提供。

第 35 页图源自戈弗雷·克内尔（Godfrey Kneller.）的绘画。

第 118 页照片由路透社 / 加州理工学院档案馆 Handout 提供。

第 156 页照片源自 Juice Dash/Shutterstock。

前言

体育运动是一种消耗体能的活动，在这种活动中个人或团队相互竞争。因此，它不仅涉及运动本身，还涉及对成绩的追求。那么随之而来的问题就是，在控制体能消耗和优化体能分配的同时，如何才能成为一名更好、更快、更强的运动员呢？

在体育的世界中，数字无处不在：每场比赛结束时的纪录、时间、长度，还有各种传感器为我们提供的位置、速度、力、力量、能量等，这些都是以数字的形式呈现的。所有这些数字都被称为数据。这些数据通常与照片和视频一起被用来分析运动，以帮助裁判和教练进行工作。

速度是人类的追求，令人痴迷。众所周知，速度是指物体一定时间内所通过的距离，而我们都梦想着拥有极致的速度。但是，如何才能最好地调整自己的速度，从而在任何时候都能以最快的速度前进呢？

我们的选择都是为了做出最佳的决策，制定最佳的战略。但如何才能衡量和确定什么是"最佳"呢？最佳的衡量标准可以用目标函数来描述，但是这个目标函数因为不同的运动而有所不同。这就需要使用优化理论，对成本和收益进行经济阐述，无论你是想把时间、轨迹、能量消耗、努力控制在最佳程度，还是想把材料的阻力降到最低，数学优化可以将所有约束条件综合起来，以确定最优的策略。在体育方面，数据本身并不足以支持我们，各种方程式和确定性表述才能提供对各种体育现象的深刻理解。

本书介绍了数学和物理在体育运动中的诸多应用，这些应用有助于运动员制定正确的运动攻略并提高运动成绩，还可以让人们以一种全新的方式理解和发现体育。

第一章

跑步

为什么在转弯时身体会向内倾斜？

无论骑自行车、骑摩托车、骑马，还是滑雪、滑冰，运动员在转弯时身体都会向内倾斜。那么，长跑运动员呢？长跑运动员转弯时身体也会向内倾斜，但是倾斜角度比滑冰运动员要小（图 1-1）。这是为什么呢？原因很简单，长跑运动员跑得不如滑冰运动员滑得那么快！

火车左转时会发生什么？你会被拉向哪边？当然是右边。在离心力的作用下，你会被甩出弯道，你必须稳住或用力才能挺直身体。为了保持平衡，自然的反应就是向左边倾斜。在旋转木马上也是一样：当它开始移动时，你必须稳住自己，以免被甩出去。快速旋转的游乐设施的绳索也会因离心力的作用向外倾斜。

图 1-1　博尔特转弯时身体向内倾斜

那么转弯时的跑步者呢？他们没有绳索可以把自己拉回来，因此，他们左转时，会向左倾斜，以对抗离心力。当你跑步时，感受到这种力量并不容易。它与你的速度的二次方呈正比。因此，你的速度越快，比如骑自行车、骑摩托车、滑冰或滑雪时，你倾斜的角度就越大，速滑运动员和滑雪运动员甚至会把手放在地上，因为他们的身体倾斜得太厉害了（图 1-2）。

图 1-2　滑冰运动员在转弯时，身体向内倾斜并把手放在冰上

我们都知道如何计算离心力的值，其公式如下：

$$m\,\frac{v^2}{R}$$

其中 v 表示速度，R 表示圆半径，m 表示运动员的体重。如果运动轨迹不是标准的圆形，那么 R 就是最接近运动轨迹的圆的半径。在直线运动的情况下，半径为无穷大，因此这个半径的倒数为零，即没有离心力。

另一方面，在半径为 $R=36.5$ 米的半圆形跑道上，对于速度为 10 米 / 秒（短跑运动员的速度）的运动员来说，单位质量的离心力约为 3 牛顿。这个值需要与每千克的重力 $g=9.81$ 牛顿进行比较。因此，施加在短跑运动员身上的离心力占其体重的 1/3，这个比值相当大！即使短跑运动员的身体侧倾并不明显，但在成绩中也必须考虑到离心力的影响。

跑步运动员的倾斜角度为 15°，可以使用正切值计算，其公式如下：

$$\tan \theta = \frac{v^2}{Rg}$$

其中 θ 是倾斜角度。如果在上坡时需要急转弯，跑步运动员更倾向于在外侧转弯，以减少他需要对抗的离心力，即使这意味着他需要跑更长的距离。同样，在从弯道进入直道时，运动员也希望避免离心力突然发生变化，并通过挺直身体提前做好准备。摩托车手深知这一点：在离开弯道之前，他们必须提前预判并摆正摩托车，这对手臂来说是很吃力的。

跑步时为什么会弯曲手臂
而不是伸直手臂？

当滑冰运动员在冰面上滑行时，需要不断地变换支撑腿。每当跑步运动员变换支撑腿时，他的臀部都会发生摇摆。当他的左脚触地时，他就会被推开。这种推进力使臀部向左转动，并推动右腿在空中前进。为了使身体保持平衡并避免摔倒，尤其是在快速奔跑时，跑步运动员会使用左臂向相反方向旋转肩部。如图 1-3 所示，臀部和肩部之间存在真正的扭转，臂膀

图 1-3　手臂弯曲的跑步运动员，其肩部和臀部向相反的方向旋转

用于稳定身体。

当跑步运动员右脚着地时，情况就会发生反转，他的手臂会朝相反的方向摆动，产生所谓的"修正力矩"，这同样有助于保持身体向前奔跑。

在任何行走或跑步活动中，你都是通过与腿部运动方向相反的手臂摆动来保持身体稳定的。

保持手臂弯曲而不是伸直更有利于摆动，就像摆钟的钟摆一样：钟摆的线越长，摆动越困难，而线越短，摆动越容易。因此，手臂弯曲时更容易摆动，因为弯曲的手臂比伸直的手臂更短。

用力摆动手臂以增加步幅真的有用吗？你的步幅大小取决于许多因素，比如身高、体重、重心、腿部长度和关节灵活性。每个人都有一个最优的步幅，对应于最低的能量消耗。因此，如果你想提高运动成绩，没有必要试图通过用力拉动手臂等方式来改变你自然的步幅，因为这可能会导致疲劳。

为什么短跑运动员会在终点线前减速？

在最著名的短跑项目 100 米比赛中，运动员都是在放慢速度后冲过终点线的。事实上，他们从 60 米或 70 米处，即大约全程的 2/3 处就开始减速了。200 米和 400 米比赛也是在初始加速后放慢速度跑的。只有在 1500 米以上的长跑中，运动员才会在比赛的最后阶段加速。这是最佳能量管理和体力管理方式，因为运动员无法在整个比赛中保持最大强度，即使看起来像是这样。因此，运动员必须在起跑时尽最大的努力，然后尽可能小地减速。

2009 年，尤塞恩·博尔特（Usain Bolt）在柏林世锦赛上创造世界纪录时，这一现象非常明显（表 1-1）：

表 1-1　2009 年尤塞恩·博尔特用时记录

距离（m）	时间（s）	时间间隔（s）	速度（m/s）
10	1.89	1.89	5.29
20	2.88	0.99	10.10
30	3.78	0.90	11.11
40	4.64	0.86	11.63
50	5.47	0.83	12.05
60	6.29	0.82	12.20
70	7.10	0.81	12.35
80	7.92	0.82	12.20

距离（m）	时间（s）	时间间隔（s）	速度（m/s）
90	8.75	0.83	12.05
100	9.58	0.83	12.05

上表中的第二列显示了时间随着距离的变化情况。第三列给出了跑完每 10 米所需的时间 Δt，即相邻两行之间的时间差值。最后一列是每 10 米的平均速度，即距离 10 米除以时间 Δt。

如果将表格中的第三列数据绘制成时间随着距离变化的曲线，我们可以看到，跑完第一个 10 米所需的时间较长，然后随着运动员的加速，该时间逐渐缩短，但最重要的是，这个时间在跑完 70 米之前会缩短，然后又会逐渐增加（图 1–4、图 1–5）。

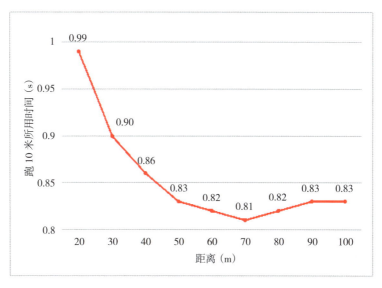

图 1-4 2009 年尤塞恩·博尔特在柏林比赛中每跑 10 米所用时间与距离的关系

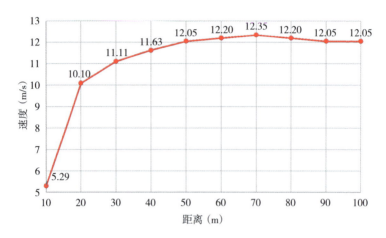

图 1-5　尤塞恩·博尔特在 2009 年柏林比赛中每跑 10 米的速度与距离的关系

如果你看一下表 1-1 中第四列，这一点就更明显了，该列给出了最后 10 米的速度变化情况：从 70 米处开始减速的趋势是非常明显的!

如果我们看看其他冠军的比赛，就会发现完全相同的现象，有时甚至在 60 米处就开始减速，而且接下来的减速幅度更大。

为什么人体在不同的距离上无法以相同的方式进行能量利用呢?

数学家已经建立了模型，以帮助我们更好地理解这一点。他们利用冠军选手的数据，模拟出虚拟运动员在比赛中的表现与真实运动员完全相同。短跑比赛的特殊性在于，转化为能量的氧气流量没有达到峰值：氧气流量在比赛中逐渐增加，但没有达到运动员的最大值。短跑在本质上是一种"无氧"运动，这意味着所消耗的能量主要来自身体储存的能量，而不是依赖于氧气的供应。如果运动员的能量储备充足，他们就可以在整个比赛过程中以最大速度奔跑，而不会在终点线前减速。由于能量储备有限，因此最佳的策略是全力起跑，尽可能快地加速，并尽快达到最大速度。由于运动员无法在整个比赛中维持最大推进力，因此随着比赛的进行，推进力会逐渐下降，速度也会随之减慢。计算结果显示，起跑时速度较慢而在整个过程中加速并不划算。在 100 米到 400 米比赛中，所用的策略都是类似的。在这些比赛中，摄氧量 (V_{O_2})，即氧气流量会增加，但不会达到平台期。

描述跑步的方程一般都是基于物理定律的，例如：

- 能量守恒定律：运动员在跑步过程中，产生推进力所需的能量来自两个方面：一是有氧能量，它是通过呼吸作用产生的，特别是摄氧量，即转化为能量的氧气流量；二是无氧能量，它不依赖氧气，而是依赖磷酸肌酸和葡萄糖。
- 牛顿第二定律：它是一个方程，用来描述运动与作用在其上的力的关系。更准确地说，速度的变化就等于推进力减去摩擦力。
- 运动控制理论：它限制着推进力的变化。当你决定改变速度时，比如停下来时，是无法立即实现的，因为大脑的决定和肌肉的动作之间存在一个反应时间。

根据这些物理定律，研究人员设立方程式并进行求解，从而能够评估在任何特定时间内运动员的速度、推进力、能量和运动控制，进而深入了解相关的生理现象、比赛策略和比赛成绩。

有氧能量和无氧能量

肌肉需要能量来发挥作用，这种能量是通过将二磷酸腺苷（ADP）转化为三磷酸腺苷（ATP）来获得的。肌肉中存在少量的三磷酸腺苷，但在运动的最初几秒钟内就会消耗殆尽。为了产生更多的三磷酸腺苷，身体必须根据运动强度和持续时间触发下列三种反应之一：

1. **ATP-CrP 供能系统：** 在该系统中，一种名为磷酸肌酸的分子可以使三磷酸腺苷恢复到正常水平。在持续时间很短、强度很高的运动中，比如短跑，它占据主导地位。

2. **糖酵解：** 它通过使用葡萄糖作为能量基质，在运动过程中产生乳酸来维持三磷酸腺苷浓度。该系统主要用于持续时间不到 1 分钟的高强度运动，比如 400 米田径比赛或 100 米游泳比赛。

3. **有氧能量：** 它无处不在，但在中长时间、中低强度的运动中，有氧能量在三磷酸腺苷合成中占主导地位。它涉及碳水化合物和脂肪的氧化，根据公式 $C_6H_{12}O_6+36Pi+36ADP+6O_2 \rightarrow 6H_2O+6CO_2+36ADP+2870$ 焦耳释放能量。1 摩尔氧气对应 22.4 升纯氧，因此在此公式中 $6O_2$ 表示 6 摩尔，对应约 134 升氧气。每千克每秒 1 升的氧气流量产生 $2870/134 \approx 21.4$ 焦耳 /（千克·秒）。

摄氧量（V_{O_2}）指的是线粒体（为人体细胞提供所需能量的细胞器）在单位时间内可吸收的氧气量，这些氧气主要用于脂肪和碳水化合物的氧化反应。这个数值越高，运动员的成绩就越好，因为他在单位时间内可以为肌肉提供更多的能量。

为什么在耐力赛中起跑速度不能太快？

稳扎稳打才能赢得比赛，急于求成往往适得其反，对于耐力赛来说也是如此。众所周知，如果起跑用力太猛，你将很难到达终点，尤其是很难在最后冲刺时加速；另外，如果起跑太慢，你肯定可以保存体力，但却无法弥补落后的时间。因此，在长跑的起跑阶段找到合适的加速度以便最后冲刺是非常重要的。为此，数学家基于能量守恒定律、牛顿第二定律和运动控制理论建立了一些模型，比如短跑模型。短跑和耐力赛的区别在于，在耐力赛中，运动员大部分时间内都保持最大摄氧量，到比赛结束时摄氧量会减少，而在短跑中，运动员的摄氧量会随着比赛的进行而增加。

长跑可分为三个阶段：

- 加速阶段，目的是尽快达到比巡航速度更高的峰值速度。这一阶段是在"无氧"状态下进行的，但其作用是启动有氧循环，使转化为能量的氧气流量尽快达到稳定状态。要快速达到这一目标，就必须提高心率并大力加速。训练有素的运动员在达到峰值速度后，会在氧流量最大时减速至巡航速度。

- 中间阶段，主要依靠有氧能量。氧气流量的能量转化率越高，巡航速度就越快。如果有弯道或上坡，这个速度并不会完全保持不变。在平均巡航速度的基础上，略微加速或减速可能会有所帮助。

- 最后冲刺阶段，依靠剩余的无氧能量。当初始的无氧能量储备剩下约 1/3 时，有氧机制的强度就会下降。这是身体的反馈机制，也是加速的时刻。如果运动员在比赛开始时用力过猛，他就没有足够的无氧储备用于完成冲刺。

在长跑比赛中，一些冠军选手会在中途进行战略性加速。他们在加速时就会迫使对手跟上，从而在比赛中间消耗对手的无氧能量。这样一来，对手的无氧能量储备往往较低，因此很难完成比赛，因为在比赛快结束时，他们已经没有足够的剩余无氧能量来完成最后的冲刺。

让我们来看下一个起跑太猛的运动员（黑线）与最佳速度（红线），以及一个起跑太慢的运动员（虚线）的例子（图 1-6）。黑线代表的运动员起跑时的推进力很大，并一直保持到了 300 米，但随后速度就慢了下来，导致总体速度也较慢。虚线代表的运动员起跑较慢（起跑时推进力受阻），他的巡航速度会更高，但为时已晚。虚线代表的运动员无法追上，而黑线代表的运动员在最后阶段也无法获得足够的加速度。

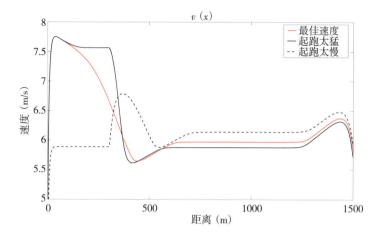

图 1-6　1500 米比赛的速度。红色曲线代表最佳速度。黑色曲线代表起跑太猛，运动员在前 300 米保持了较大的推进力。虚线曲线代表起跑太慢，运动员在前 300 米的推进力较小

　　一个好的比赛策略是：在比赛中，按照自己的节奏跟跑，这样可以节省体力，进而可以提高比赛成绩。这不仅仅是为了避免受到风的影响，就像自行车手那样，还有一个心理因素在起作用，因为你不必考虑自己的速度，你可以坚持更长时间。但你仍然需要设定一个合适的速度。

为什么田径跑道上起跑线都是错开的?

100米比赛通常是在直线跑道上进行的，即使跑道上的直道段较短，也会在终点线一侧的跑道上延伸出一个特定区域，以确保整个比赛距离是100米（图1-7）。那么，直线跑道到底有多长呢？

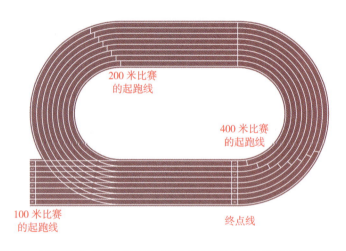

图1-7　田径跑道。100米比赛在直线跑道上进行。200米和400米的起跑位置是错开的

田径跑道的标准长度是400米，这是从距离跑道边缘30厘米处量起的。标准体育场的宽度为73米（历史上规定，其宽度必须能容纳一个足球场的宽度）。标准跑道由两条直道和

24

两个半圆形跑道组成。由于圆的直径为 73 米，因此其半径为 36.5 米。因此我们可以计算出一侧弯道的长度，它与半径成正比，正好是半径的 π 倍，即 π×36.5 米。如果跑道的周长是 400 米，距离跑道边缘 30 厘米，则每段直道的长度为 84.39 米，其计算方法为（400–2π×36.8）/2。

从 200 米比赛开始，就会出现弯道。因此，不在第一赛道的运动员需要跑更长的距离，需要给予他们一定的起跑优势，这样大家才能跑出相同的距离。那么这些起跑线是如何确定的呢？

终点线是固定的，所有项目都一样。每条赛道宽 1.22 米。因此，对于 400 米比赛（即跑完一圈）而言，两个相邻赛道的起跑线之间的距离为 1.22×2π，即 7.66 米（第 1 和第 2 赛道之间的距离除外，它们之间的距离为 1.12×2π，即 7.04 米）。对于 200 米比赛来说，相邻赛道之间的距离就会减少一半。而在 800 米比赛中，运动员只需在自己的赛道内跑 110 米，然后可以向内侧并道。这就是体育场内白色起跑线错开的原因。

自 1913 年以来，比赛一直按逆时针方向进行。这并没有什么科学依据，但在沙漠中进行的一些研究表明，大多数人在独自寻找道路时都倾向于左转，人们认为这可能与心脏位于左侧有关。不管怎样，已有研究证明，在没有风的情况下采用逆时针方向进行比赛更有利于运动员提升成绩。

为什么追赶别人
能提高成绩？

我们都很熟悉田径作为一项对抗性体育运动与追求纪录之间的矛盾问题。最近这一问题被重新提起，因为肯尼亚运动员埃利乌德·基普乔格（Eliud Kipchoge）于 2019 年 10 月 12 日在 2 小时内（用时 1 小时 59 分 40 秒）成功地跑完全程马拉松。他"一个人"跑，配备了最好的装备，路面平坦，而且还有一辆车在前面让他保持节奏。鉴于这些特殊条件，该纪录并未得到官方认可，但它确实说明了，追赶别人可以提高成绩。这并不是因为空气动力效应，而是因为跑步时不必考虑自己的节奏，可以节省体力。据测定，与单独比赛相比，运动员在赛道（400 米）上追赶别人最多可以快 1 秒。在 200 米或 400 米比赛中，在外侧赛道跑会处于劣势，因为你是在"盲目"地跑，这样对成绩不利。但在内侧赛道上，离心力更大，运动员的速度会减慢。

通过对比赛进行建模，我们可以了解离心力与前面运动员产生的心理吸引力的相关性。在 200 米比赛中，起跑点位于弯道处，因此在建立模型时，必须考虑前面有人的心理效应。然而，在刚刚被超越之后，则不需要考虑这种心理效应了，因为一旦被超越，运动员就会有一定的反应时间。这个模型可以用来研究不同赛道条件下冠军跑完 200 米比赛所需的时间。如果你独自跑，越是靠近外侧赛道，所用时间越短（图 1-8，黑色曲线）。该模型可以将相邻赛道有人的积极影响纳入进来：如果你在邻道与竞争对手一起跑，你在第 4 至第 6 赛道时的成绩最好，因为离心力和心理效应在这里共同发挥作用（图 1-8，红色曲线）。接下来，第 7 和第 3 赛道成绩一致，而第 8 和第 2 赛道的成绩也相当，但当运动员处于第 1 赛道时，成绩会受到严重影响。需要注意的是，在 2023 年 5 月 22 日之前的比赛中，最优秀的运动员通过抽签的方式被分配到第 3 至第 6 赛道，然后接下来的两名运动员也通过抽签被分配到第 7 和第 8 赛道，最后两名运动员被分配到第 1 和第 2 赛道。自 2023 年 5 月起，赛道的分配取决于赛程的长短，但最差的运动员仍被分配到第 1 和第 2 赛道。

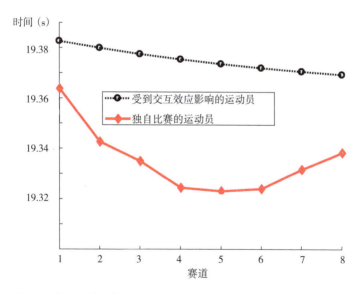

图 1-8　在 200 米比赛中，运动员所用时间与赛道之间的关系。黑色曲线代表独自比赛的运动员，即仅受离心力的影响，运动员所用时间随着赛道编号的增加而减少。红色曲线代表当相邻赛道有运动员时，交互效应对运动员成绩的影响。最佳赛道位于中间，即第 4、第 5 和第 6 赛道

因此，最优秀的运动员会获得最有利的赛道，而成绩最差的运动员则会被分配到最不利的赛道。这意味着，在前两条赛道上，几乎没有可能产生冠军！

为什么直线赛道较长的田径跑道对运动员的成绩不利？

国际田径联合会（国际田联）批准了三种类型的跑道：由直线跑道和半圆形跑道组成的所谓标准跑道（图 1-9），以及弯道由多个弧道组成的所谓双弯道跑道（图 1-10）。后者是为了容纳足球场或橄榄球场而被引入的，因此直道更长，而且弯道的曲率半径较小，即使这个弯道看起来并不是一个急弯。

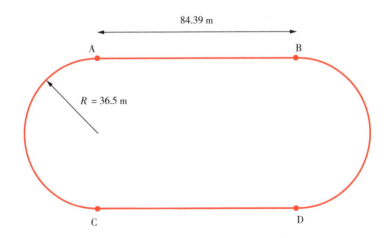

图 1-9　标准跑道

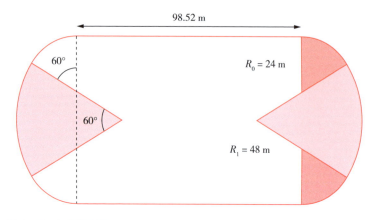

图 1-10 双弯道跑道

双弯道跑道对创造纪录而言非常不利，尤其是在内道，因为曲率半径较小（仅为 24 米），会产生巨大的离心力，导致运动员速度降低。即使直道距离较长，也无法化解这种不利因素。

通过数学计算，可以确定产生最佳成绩的封闭式跑道：这将是一个半径为 63 米的圆形跑道，直径为 126 米。然而，这对于观众的视线来说显然不利，因为目前体育场的宽度为 73 米……不过，在 20 世纪 60 年代，法国曾有人提出过建造这样一个跑道的可能性。

如果我们规定跑道必须包含直道，以便更接近 100 米的直线距离，那么最佳跑道则是由两个直线跑道和两个半圆形跑道组成的。但成绩计算表明，直道越短，用时越短。在 200 米以上的比赛中，无论在直道上，还是在直道不足 60 米的弯道上，成绩都不会发生变化；但对于 60 米的直道，与 84.39 米的直道相比，200 米比赛的成绩提高了 4 个百分点，但最重要的是，边缘赛道之间的差距从 8% 降到了 2%。

在 10000 米比赛中，将赛场的直道距离缩短至 60 米，可以节省 5 至 10 秒的时间。直道越短，弯道的半径就越大，因此运动员的成绩也就越好。但是，对于标枪项目来说，一个体育场只有 60 米的直道就有点短了，不利于吸引观众。

现在，让我们来看一下离心力对成绩的影响。离心力会使运动员的速度下降。在短跑比赛开始时，特别是在加速阶段，你可能注意不到，但在直道和弯道交替出现的中长跑比赛中，你可以清楚地看到，当运动员转弯时，他的速度会下降。无论你如何努力，如何用力，你在弯道上的速度总是比在直道上慢。因此，希望在弯道上超车是没有意义的，因为你在弯道上无法很好地加速，这不仅仅是因为需要跑的距离更长，还因为你必须对抗离心力。如果要将这个过程转化为一个公式，用于计算类似的努力，我们可以使用下面的公式：

$$v_{turn}^2 + \frac{T^2 v_{turn}^4}{R^2} = v_{straight}^2$$

其中，T 是单位质量的摩擦系数，阶数为 1。在第 1 赛道上，R=36.5 米，因此与直道上 10 米 / 秒的速度相比，我们在弯道上的速度会降低到 9.66 米 / 秒，但仍需付出同样的努力……弯道越急（R 越小），速度降得就越快。速度越快，离心力的作用就越大。例如，马匹在半径为 100 米的弯道上以 20 米 / 秒的速度奔跑时，离心力要大于人在半径为 36.5 米的弯道上以 10 米 / 秒的速度奔跑时的离心力。

这就引出了一个问题：为什么在长跑比赛中，关注度仍然集中在对成绩最为不利的第 1 赛道上？

第二章

投掷

投掷

为什么所有的跳跃和投掷项目都基于同一个物理方程式？

图 2-1　艾萨克·牛顿

在 17 世纪，由于一个坠落的苹果，艾萨克·牛顿（Isaac Newton）（图 2-1）提出了万有引力定律。小到一个苹果，大到一颗行星，物体都要受同样的一些物理定律支配。这些定律也为我们理解球类、跳台滑雪、跳高、滑冰、自行车等运动的轨迹和动作提供了帮助。根据牛顿第二定律（参见 37 页"牛顿三大定律"），我们可以推导出运动方程。首先，我们需要确定施加在物体上的力或作用，然后就可以计算出物体在某一特定时刻的位置和速度，这取决于其质量、初始位置和速度，以及给出的初始效应。

力

力是一种能够改变物体的运动状态、轨迹、速度或使其变形的因素。表示力的大小的单位是牛顿，该单位以力的概念提出者牛顿的名字命名。力可以用一个箭头（矢量）表示，箭头代表力的方向、意义和强度。在分析力对物体运动轨迹的影响时，箭头的长度非常重要。力可以是接触力，也可以是远距离作用力，如重力；前者作用在接触点上，后者作用在系统重心上（参见 37 页"牛顿三大定律"）。在体育运动中，我们会发现：

- **重力**：它是地球引力作用的结果，垂直向下，作用于整个物体，但表示为作用于重心。
- **地面反作用力**：地面或支撑物对物体施加的垂直于表面向上的力。
- **摩擦力**：任何阻碍两个物体之间滑动的力，如阻碍自行车车轮在道路上滑动的力。它总是与运动方向相反。
- **张力**：金属丝或绳索所施加的力。
- **空气或水中的流体力**：
  - 升力：阿基米德浮力在水中产生的向上的力；
  - 阻力，阻碍空气或水运动的力；
  - 马格努斯力，旋转物体在流体中受到的改变轨迹方向的力。

通过控制这些力，我们可以掌控运动和提高成绩。

因此，确定物体的运动过程中受力情况至关重要。其中，重力是始终存在的力，它源于地球的引力，并且指向地面。重力的大小等于质量乘以重力加速度 g，大约为 9.81 米 / 秒^2。需要注意的是，g 的确切值取决于你在地球上的位置，例如海拔高度；而质量在任何地方都是相同的。对于投掷出的物体，空气阻力（也被称为阻力）可能会很显著。它与物体的迎风面积以及速度成正比。另外，还有一种更为复杂的力，即马格努斯力。如果以旋转的方式抛出一个球，其运动轨迹将会呈螺旋形。根据牛顿第二定律，在这些力的共同作用下，物体的速度和位置会发生变化。因为重力、空气阻力和马格努斯力之间关系的不同，物体的运动轨迹类型也会有所不同。

牛顿三大定律

艾萨克·牛顿总结出了三个非常简单的定律:

· 牛顿第一定律指出,在不受外力作用时,物体的速度是恒定的。特别是,在没有外力作用的情况下,静止的物体会保持静止状态,这似乎是很自然的。只有在有外力作用的情况下,物体才会开始运动。比如说,在一个完美的冰面上,给冰球一个初始速度,它就会无限期地保持这个速度。然而,在现实生活中,冰从来都不是完美的,它会产生摩擦力,使得冰球逐渐减速。这就引出了牛顿第二定律。

· 根据牛顿第二定律,物体速度的变化与施加在其上的力的总和有关。如果这些力不能抵消,就会导致物体的速度发生变化。用专业术语来说,这种速度变化被称为加速度。在物理学中,减速也是一种加速度,只不过其方向与物体运动方向相反。根据这一定律,我们可以量化和计算物体在合力作用下的速度变化情况。

· 最后一个定律是作用力和反作用力定律:如果一个物体 A 对物体 B 施加一个力,例如足球运动员踢球,或者撑杆跳运动将撑杆靠在地上,那么物体 B 就会对物体 A 施加一个强度相同的反作用力,即球对球员的脚施加一个力,撑杆对撑杆跳运动员施加一个力。撑杆可以让撑杆跳运动员一跃而起,但对于足球来说,人与足球之间的质量比意味着足球运动员在踢球后不会摔倒。

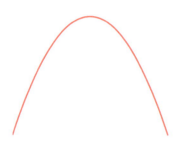

图 2-2　仅受自身重力影响时的运动轨迹

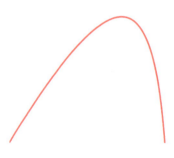

图 2-3　受空气影响时的运动轨迹

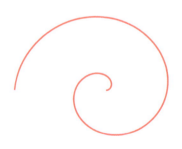

图 2-4　自身旋转时的运动轨迹

当一个物体被抛出并且仅受到自身重力的影响时，其最简单的运动轨迹是抛物线（图 2-2）。抛物线相对于最高点是对称的。这就是篮球的运动轨迹，也是跳远运动员、跳高运动员、跳水运动员、体操运动员重心的运动轨迹。

当空气使物体运动速度减慢时，物体的运动轨迹呈现几乎是直线上升和下降的形态，而水平方面的速度则非常小（图 2-3）。这就是羽毛球或高尔夫球的运动轨迹。

当球绕自身旋转时，主要受到马格努斯力的影响，其运动轨迹呈螺旋形（图 2-4）。有些足球射门就属于这种情况。

因此，在体育运动中，运动方程的一般形式具有普适性。它只取决于物体的质量、重心位置和施加其上的初始作用力。

为什么所有物体下落的
速度都是一样的?

　　投掷在各种体育运动中广泛应用,包括铅球、链球、标枪、足球、网球、羽毛球,以及跳远、跳高、跳台滑雪、跳伞或篮球跳跃中的人体本身。最佳投掷问题不仅与最佳投掷距离有关,也与物体在空中停留的时间长短有关。

　　在本章中,我们主要分析运动轨迹受重力影响的情况,在下一章中我们将重点讨论其他情况,即投掷对球体的影响。

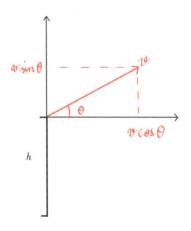

图 2-5　从高度 h 抛出的物体的初始速度。速度 v 与水平轴成 θ 角。通过 θ 的正弦和余弦可计算出速度 v 的横坐标和纵坐标,它们的取值范围为 -1 到 1 之间

最简单的情况是，在没有外力影响、无风的情况下，从离地面高度为 h 的地方发射一个物体，其初始速度为 v，与水平轴成 θ 角（图 2-5）。

根据牛顿定律，由于没有水平方向的力（重力向下），因此水平方向的速度是恒定的。另一方面，根据公式，$v_y(t) = v_y^0 - gt = v\sin\theta - gt$，垂直方向的速度分量受到重力加速度的影响，其变化与时间成正比。

当物体上升时，该分量最初为正数，然后在到达抛物线顶点（时间 $t = \dfrac{v\sin\theta}{g}$）时被抵消。这时该分量转变为负数，意味着物体开始下落。我们可以计算出位置坐标 x 和 y（分别对应水平和垂直方向）随时间的变化情况：

$$x = v\cos\theta\, t, \quad y = h + v\sin\theta\, t - \frac{gt^2}{2}$$

或者利用第一个方程将 t 替换为 $x/v\cos\theta$，以将第二个方程中 y 表示为 x 的函数：

$$y = h + x\tan\theta - \frac{gx^2}{2(v\cos\theta)^2}$$

这就是一个抛物线方程。

让我们回到到达抛物线顶点的时刻，也就是到达最大高度时（即 $t = \dfrac{v\sin\theta}{g}$ 时），这时：

$$y_{max} - h = \frac{(v\sin\theta)^2}{2g}$$

这个最大高度并不取决于质量，仅取决于初始垂直速度（$v\sin\theta$）。这就是为什么在跳高比赛中，为了跳得更高，将起跑时产生的水平力转化为垂直速度至关重要。

我们还可以计算物体的飞行时间（即 $y=0$ 的时间）和飞行距离（在这个特定时间的 x 值）。接下来我们从一个简单的情形开始，设定 $\theta=0$，因此初始速度仅为水平方向。请注意，x 的平方根，写作 $\sqrt{x}$，即满足 $\sqrt{x} \cdot \sqrt{x} = x$ 的数。那么飞行时间等于：

$$T_{flight} = \sqrt{\frac{2h}{g}}.$$

因此，无论物体自由下落（$v=0$），还是以水平速度（$\theta=0$）抛出，飞行时间都与初始速度和质量无关。这意味着物体到达地面所需的时间相同。然而，它们到达的位置却不同。如图 2-6 所示，我们保持垂直速度恒定，即 $v \sin\theta$ 保持不变，但速度 v 和角度 θ 会变化。因此，尽管飞行时间和最大高度保持不变，但飞行距离会改变。

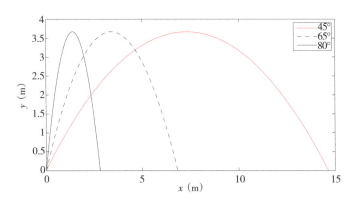

图 2-6　具有相同初始垂直速度（$v \sin\theta$）但 θ 角度不同的轨迹。最大高度和飞行时间相同，但飞行距离有所变化

41

不论物体轻重，它们从同一高度下落到地面所需的时间是相同的。请注意，对于极轻的物体来说，比如羽毛，这并不适用，因为空气对运动的影响是不可忽略的，但对于球、重物或人来说，这个规律则是成立的。另一方面，飞行距离显然取决于初始速度，为 $p=T_{flight}\, v$。

为什么投掷铅球的最佳角度是 42°？

当你从地面上以某一初始速度投掷一个物体，且无须考虑空气阻力时，为了让物体飞得更远，最佳的投掷角度是 45°，这恰好是直角的一半。

当投掷铅球、铁饼或标枪时，运动员并不是从地面上抛出，而是从更高处投出，因为运动员的手臂距离地面大约 2 米。因此，投掷角度略微减小，为 42°。

如上所见，如果我们在没有风、没有其他影响的情况下，从离地面高度为 h 的地方抛出一个物体，其初始速度 v 与水平轴的夹角为 θ，我们可以计算出其 x 和 y 的坐标位置随时间 t 的变化情况：

$$x = v\cos\theta\, t, \quad y = h + v\sin\theta\, t - \frac{gt^2}{2}$$

让我们先从一个简单的情形开始，即 $h=0$ 时，此时，物体从地面抛出。那么飞行时间即 $y=0$ 时的时间，也就是：

$$T_{flight} = \frac{2v\sin\theta}{g},$$

此时，飞行距离 x 的值为

$$p = v\cos\theta \times T_{flight} = \frac{v^2\sin 2\theta}{g}$$

因为 $\sin 2\theta = 2\sin\theta\cos\theta$。基础的三角学知识表明，当 $\sin 2\theta$ 值最大时，飞行距离最远，因此为 1。$2\theta=90°$ 时就是这

种情况，所以 θ=45°。在无风无旋转的条件下进行投掷，使铅球飞行距离最远的角度是45°。

请注意，在图 7 中，两角之和为 90° 的角，即互为余角的角，它们会产生相同的飞行距离，但是它们的飞行时间是不同的（图 2-7）。因此，以 80° 的角度投掷和以 10° 的角度投掷所产生的飞行距离是相同的，但在空中停留的时间却要长 5.7 倍（tan 80°），飞行高度也会高出 32 倍。在一些体育运动中，采用将球发到空中然后跑去接球的战术很常见，所以以更高的角度抛球（比如踢过顶高球）是可以理解的，因为这样可以使球在空中停留的时间更长，但飞行距离会更短。

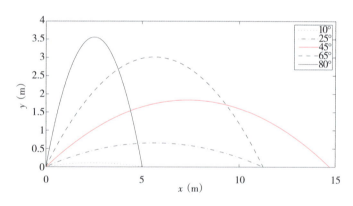

图 2-7　初始速度相同但角度不同的轨迹。互余的角会产生相同的飞行距离

在许多运动中，投掷物的初始高度并不等于其最终高度。例如，铅球运动员通常在约 2 米的高度抛出铅球，当铅球在空中飞行结束时，其高度降为零，因为这时它已经落地。尽管这并不会影响力学分析和速度计算，但却会影响投掷物在空中停

44

留的时间，因为它会降至低于初始高度的位置。然后，作为投掷高度 h、速度 v 和角度 θ 的函数，飞行距离可以通过以下公式计算出来：

$$\frac{v^2 \sin\theta\cos\theta + v\cos\theta \sqrt{(v\sin\theta)^2 + 2gh}}{g}$$

因此，我们也可以计算出作为投掷高度 h 的函数的最佳投掷角度，其计算公式会稍微复杂一些，但这正是数学（导数）发挥作用的地方。举例来说，在高度为 2 米、初始速度为 13 米／秒、飞行距离为 14.51 米的情况下，最佳投掷角度为 42°。这种数学公式的优势在于，它可以帮助你计算出所有参数变化（如变化 5%）时的飞行距离变化。如果投掷装置不在最佳角度上，而是偏离了 5%（即 0.8°），那么投掷物的射程将只会有 4 厘米的变化，这是相当微小的。如果运动员能够将投掷高度提升 5%，即在 2.1 米的高度处，他的投掷距离将会增加 11 厘米。最后，如果他能将投掷速度提升 5%，也就是以 13.7 米／秒的速度投掷，他的投掷距离将增加大约 1.5 米。因此，最重要的参数是初始速度而不是投掷角度！

为什么姿势会影响跳远的距离？

在 1968 年的墨西哥城奥运会上，鲍勃·比蒙（Bob Beamon）打破了跳远纪录，他第一次试跳就跳出了 8.90 米，将前一年的纪录提高了 55 厘米。尽管这仍然是奥运会纪录，但自迈克·鲍威尔（Mike Powell）在 1991 年将这一纪录提高 5 厘米以来，它已不再是世界纪录了。有人可能会提出当时有利的风向或墨西哥城的高海拔等因素来解释鲍勃·比蒙的惊人成绩，但真正的关键在于他对重心的利用。

在一些运动中，运动员身体的运动轨迹是一条抛物线，跳远便是其中之一。更确切地说，运动员重心的移动轨迹是一条抛物线。如果你改变身体的姿势，就改变了重心的位置，这正是鲍勃·比蒙使用的策略（图 2-8）。

在任何时刻，我们都可以确定一个"中心点"，它代表运动员，基本上具有相同的轨迹。这个点就是重心或质心，它取决于运动员的体型和姿势。通过改变这些因素，重心可以移

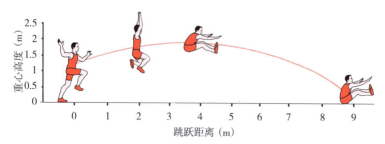

图 2-8　跳远：重心沿抛物线轨迹移动。运动员通过改变身体姿势来调整重心位置，因此，他能够降低重心并跳得更远

动，这在跳远比赛中至关重要。起跳时，鲍勃·比蒙的重心大约离地面 1.2 米。他以每秒 10.02 米的速度，θ 角为 23° 的角度起跳。他的重心沿抛物线轨迹移动，如果不做任何调整，回到原位，他的跳跃距离也将只有 $\dfrac{v^2 \sin 2\theta}{g}$，即 7.36 米。然而，通过在落地时调整重心高度，他能显著增加跳跃长度。在落地时，他的重心高度不是 1.2 米，而是 50 厘米，这就差了 70 厘米。因此，通过这样的调整，他的最大跳跃范围增大了，上面的公式给出了一个准确的估算，具体如下：

$$\frac{v^2 \sin\theta \cos\theta + v \cos\theta \sqrt{(v \sin\theta)^2 + 2gh}}{g} = 8.75 \text{ m}$$

重心

1. 重心在哪里？

重心或质心是我们想象中的一个点，它可以帮助我们理解力对复杂系统的影响，同时考虑质量的分布。对于一个球来说，重心就在球的中心。对于由两个质量相同的球组成的哑铃来说，它位于两个球之间哑铃杆的中点。这是最容易平衡地握住哑铃的位置。但是，如果两个哑铃球的质量不同，例如一个哑铃球的重量是另一个的两倍，那么握哑铃的理想位置则是距质量较重的哑铃球的 2/3 处。

如果我们让问题稍微复杂化一点，比如有三个哑铃球，那么重心就是三角形的中心，位于连接一个顶点的直线与对边中间的交点处。

如果将此概念应用于人体，我们需要想象一下将人体分为若干个质量固定的区域，每个区域都有一个重心，例如手臂、腿部、躯干、头部等。根据所有这些区域的相对位置，我们可以找到与现有一组点的对称中心相对应的点，每个点都按其质量加权。我们假设一个体重均匀分布的瘦削人士的重心在其身体的中部，即肚脐的位置。如果运动员改变姿势，重心也会随之移动（图 2-9、图 2-10）。

有时，我们想象中的重心可能位于身体之外。例如，体操运动员靠在手臂上或进行桥姿练习时，情况就是这样；跳高运动员进行背越式跳高时，情况也是这样，即他的重心位于他的下方，通常在他正在跨越的横杆下方。

如果你抬起手臂或弯曲双腿，你的重心就会上升。

当向后抬腿时，比如体操运动员做阿拉伯式后踢腿动作，会导致重心向后移动。为了使重心大致保持在原来的位置上，必须抬起对侧的手臂。

图 2-9　体操运动员的姿势不同，其重心位置也会有所不同。重心通常用一个"十"字来表示，并有可能位于身体之外

48

图 2-10　一名篮球运动员弯曲双腿，举起双臂。他的重心几乎上升了 10 厘米

　　因此，随着身体的运动和姿势变化，运动员的重心也会随之变化。顶尖运动员的一大优势就是他们能精准控制自己的重心位置，从而提升运动成绩。

2. 平衡

　　一个人要保持平衡，其重心必须位于他的"支撑多边形"之上，这个多边形是由地面支撑点连接而成的图形。例如，对于一个双腿分开站立的人来说，支撑多边形就是围绕他的双脚形成的图形，重心需要垂直位于这个图形上方；而对于一个用双手支撑的体操运动员来说，支撑多边形是由双手构成的图形，重心同样需要垂直位于这个图形上方。

图 2-11　处于平衡状态的体操运动员：其重心与重力垂直方向一致。如果重心与重力垂直线方向不一致，体操运动员就会围绕横杆旋转并跌落下来

　　如果体操运动员通过伸展双臂等方式改变了重心位置，使其不再位于横杆上方，那么他的身体就会发生旋转运动并跌落下来（图 2-11）。同样，如果跳水运动员只有脚趾接触跳板，由于其重心不再垂直位于脚部上方，也会出现跌落的情况。

　　跳远运动员在落地时，如何降低重心呢？他会将双腿和双臂水平伸展，使其远远地伸向前方，以减少身体在垂直方向上的"厚度"，从而降低重心。

　　也许有人会问，跳远运动员为什么不选择大于 23° 的起跳角度，以便更接近最优的 43° 的角度呢？实际上，正如我们所见，最重要的因素是速度。跳远运动员的水平速度接近短跑运动员，即每秒 10 米左右。另一方面，他们的垂直速度却不可能与水平速度相同。例如，篮球运动员的最大垂直速度约为 4 米/秒。为了使水平速度和垂直速度相同，就必须大幅降低水平速度，这样就会影响成绩。要优化所有参数是不可能的，因此选择那些影响最大的参数是很重要的。对于跳跃或投掷项目而言，速度比倾角更为关键。

为什么篮球运动员似乎悬在空中？

　　跳投是篮球中最重要的投篮方式之一。这是一种基本的投篮技术，运动员通过垂直跳跃将球投向篮筐。大多数运动员在跳到最高点时给人一种悬浮在半空中的错觉，仿佛静止不动，像被定格在半空中。这就是为什么人们称迈克尔·乔丹（Michael Jordan）为"飞人"的原因。这又是一个重心效应。运动员的重心在空中总是沿抛物线轨迹移动，位置不断变化（图2-12）。

图2-12　篮球运动员的重心轨迹是一条抛物线。在跳跃过程中，运动员的头部保持在同一高度。当他双臂抬起、双腿弯曲时，他的重心就会上升，从而产生似乎悬在空中的效果

重心在任何时候都不会在同一高度停留一段时间。然而，假设篮球运动员在到达最高点时，设法提升了他的重心，使其靠近头部。那么他是如何做到的呢？他会弯曲膝盖，举起双臂，使自己的重心上升。这样一来，在一段时间内，重心的移动轨迹是一条抛物线，但在其移动过程中穿过运动员的身体，使得运动员的头部保持在恒定的高度。

由于观众的注意力集中在运动员的头部，而其头部在一段时间内保持在同一高度，这就产生了似乎悬在空中的效果。

芭蕾舞演员的凌空大跳也是如此。在到达跳跃轨迹的顶点时，她们会举起双臂，从而提高重心，使头部一时间保持在同一高度。

为什么背越式跳高比剪式跳高跳得更高？

1968 年，在墨西哥城奥运会上，当鲍勃·比蒙利用重心的特性打破跳远纪录时，跳高也经历了一场革命。迪克·福斯贝里（Dick Fosbury）采用了一种新的技术，以 2.24 米的成绩刷新了世界纪录：他背对横杆起跳，先是头部，接着是腰部和臀部越过横杆；然后身体弯曲，头部低于横杆，双腿下垂。经裁判认可后，这项新技术被称为"福斯贝里翻身"或"背越式跳高"，就此流传开来（图 2-13）。

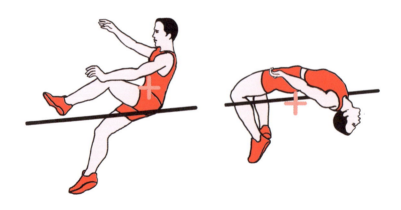

图 2-13　左侧为剪式跳高，重心在横杆上方；右侧为背越式跳高，重心在横杆下方

在跳高比赛中，运动员的目标是尽可能把身体抬高。重要的是让身体而非重心越过横杆。背越式跳高能使你在起跳时重

心低于横杆。实际上，如果动作执行到位，当你臀部越过横杆时，头部和腿部可能已经位于横杆之下，就像运动员的重心一样。最终，跳高运动员甚至可以越过 2.45 米的高度——古巴跳高运动员哈维尔·索托马约尔（Javier Sotomayor）自 1993 年以来保持的世界纪录，而他的重心从未达到过这个高度。

设想一下，一位世纪之交的运动员正在进行剪式跳高。他的重心位于肚脐之上，因此，为了越过横杆，他必须将重心抬得远高于横杆。而在背越式跳高中，由于身体围绕横杆弯曲，重心通常位于横杆下方，所以你不需要像剪式跳高那样将重心抬得很高，就可以越过相同的高度！

为了跳得尽可能高，运动员必须最大限度地提高垂直起跳速度。最佳的技术是身体微微后倾，向前伸出支撑腿，用力蹬地。跳高运动员在起跳前必须达到很高的速度，这样能最大限度地发挥腿部的垂直力，从而最大限度地提高垂直速度。支撑脚起支点作用，将部分水平动量转化为起跳垂直速度。这种起跳垂直速度为 4 ~ 5 米 / 秒，而跑步运动员的速度可达 10 米 / 秒。因此，在比赛中，我们根本无法将所有的速度都转化为垂直推进力。

为什么撑杆跳高运动员
能够越过 6 米的高度？

撑杆跳高运动员同样需要将水平速度转化为垂直推进力，而这一次，撑杆成了关键所在。

苏联冠军谢尔盖·布勃卡（Serguei Bubka）曾 17 次打破世界纪录（从 1984 年的 5.85 米到 1994 年的 6.14 米）。在他之后，法国运动员雷诺·拉维莱涅（Renaud Lavillenie）在 2014 年 2 月 15 日的首次尝试就越过了 6.16 米，瑞典运动员阿曼德·杜普兰蒂斯（Armand Duplantis）2022 年以 6.21 米的成绩打破了这个纪录，并在 2023 年以 6.23 米的成绩再次刷新了纪录。他们是如何做到的？

撑杆跳高包括以下几个阶段（图 2-14）：

- 首先是助跑阶段。运动员会尽力奔跑以达到尽可能高的速度。冠军的奔跑速度接近短跑运动员。撑杆的重量在 3 ~ 5 千克之间，会减慢运动员的奔跑速度。为了减少这种影响，撑杆跳高运动员会向上举着撑杆。这样，所谓的杠杆臂（即重量施加的向下扭矩）就会减小（参见 114 页"扭距"）。你可能会认为，离撑杆末端越远，杠杆臂减得就越多，但实际上，为了在下一个阶段取得成功，你不能离撑杆末端太远。

- 起跳阶段。撑杆跳高运动员将撑杆卡入穴斗中。

- 撑杆弯曲阶段和撑杆伸直阶段。撑杆弯曲、伸直并带动运动员向上跃起。这是一个双摆运动：撑杆绕着其支点旋转，而撑杆跳高运动员围绕撑杆旋转，从头朝上到头朝下，以双手为圆心做圆周运动。因此，撑杆的弹性至关重要。

- 跳跃。撑杆跳高运动员用他们的手臂将自己推上撑杆，在这个过程中大约上升了20厘米的高度。为了最大限度地提高跳跃高度，运动员会将自己缠绕在横杆上，就像跳高那样。这样，他们的重心就可以位于横杆下方，同时让他们的身体越过横杆。因此，在跳高比赛中，横杆的高度通常会比运动员所能达到的最大重心高度还要高一些。

图 2-14　撑杆跳高各阶段。助跑、起跳、撑杆弯曲、撑杆伸直和跳跃

对于撑杆材料，弹性非常重要，以便能迅速地传递能量。为此，撑杆通常由高强度且柔韧性好的复合材料制成。理论上，可以制造更长的撑杆，但它们会在自身重量下弯曲，并且难以完全伸直。如果撑杆过于僵硬，它对地面的冲击会消耗运

动员的能量，并将运动员向后推。如果撑杆过于柔软，能量释放得不够快，就无法推动运动员。

我们知道谢尔盖·布勃卡的助跑速度约为 9.9 米 / 秒。假设他的重心高 1 米，由于手臂的推力，使他升高 20 厘米，这意味着撑杆使他上升了 6.14–0.2–1=4.94（米）。物理学原理告诉我们，要将质量 m 从高度 h 处抬起，你需要的是势能 $E=mgh$，其中 g=9.81 N/kg。

如果我们设想撑杆完美地发挥了作用，并且所有由奔跑产生的水平动能都转化为势能，则 $\frac{1}{2} mv^2=mgh$。如果 v 正好是垂直推进速度，则可以达到相同的高度。因此。我们发现要上升 4.94 米时，我们需要 9.85 米 / 秒的速度（与质量无关）。这非常接近布勃卡的速度，这意味着撑杆具有非常好的能量恢复能力。

因此，我们需要记住，在助跑的过程中，撑杆跳高运动员会不断加快速度并积累动能。在跳跃的过程中，这些动能会转化为使撑杆弯曲的能量，然后以势能的形式恢复，使撑杆伸直。可以想象，如果撑杆跳高运动员在跳跃时用手臂更用力地推杆，他们就有可能再上升几厘米的高度。

第三章

球类

为什么球似乎可以违反重力法则？

如果我们忽略掉空气对物体运动的影响，质心运动对所有物体和所有运动员都是一样的：它都呈抛物线轨迹。但是，许多运动依赖于空气的作用，当物体很轻、快速移动或快速旋转时，空气的作用就会超过重力的影响。没有空气，高尔夫球就不会有右曲球，乒乓球也不会有切球。这些使物体抬升、发生弯曲和速度下降的力是很复杂的。我们将主要分析快速运动物体上的减速力（取决于物体的形状、质地和速度）和旋转物体上的弯曲力，它可以使旋转物体的运动轨迹向左或向右、向上或向下弯曲。

当仅涉及重力时，运动方程可以用公式进行分析求解。然而，当涉及空气影响时，速度（加速度）的变化取决于速度本身。因此，运动方程是非线性的，无法用解析求解的方法，需要运用计算机进行数值计算。不过，我们可以通过近似估算和假设一种力支配其他各种力等方法，来大致理解所涉及的现象，这也是物理学中的一种经典做法。

空气中的一个非常重要的力是阻力，它与运动方向相反，并且取决于运动速度。要理解阻力这一概念，可以将空气想象成由许多微小颗粒组成，这些颗粒与球体碰撞，就好像球被扔到了铺满微小弹珠的地毯上，从而使运动速度降低。这种制动力显然取决于碰撞的次数，即空气中的原子数、球的表面积及其速度。事实上，速度越快，单位时间内碰撞次数就越多，因此阻力的速度就越明显。阻力的计算公式如下：

$$\frac{1}{2}c_d Av^2$$

其中 A 是球的表面积，v 是球的速度，而 c_d 是阻力系数，阻力系数通常通过实验测量，取决于球的质地和类型。对于光滑的球，阻力系数大约是 0.5，但球的质地和速度的不同可以使阻力系数降低，这一点我们将在后面的内容中进行介绍。

在低速运动时，即时速低于 30 千米或 40 千米时，对碰撞阻力的描述是准确的。但是随着速度的提升，需要对这一描述进行完善。空气从球的前面撞击球体，气流从两侧绕过球体，并在球的尾流中形成涡旋（图 3-1）。这三种现象共同构成了阻力。

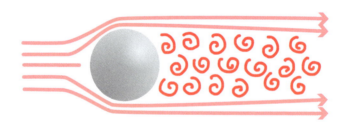

图 3-1　球向前移动。空气撞击球体，气流绕过球体并在其尾流中形成涡旋

阻力系数

阻力系数是出现在阻力计算中的数值系数，阻力的计算公式为：

$$\frac{1}{2}c_d Av^2$$

其中 A 是球的表面积，v 是它的速度。当一个球缓慢运动时，阻力系数 c_d 约为 0.5，那么此时空气流动为层流。球的周围有一层空气，随着球向

62

前移动。如图 3–1 所示，这层空气在球的大圆处分离，在球后方形成一个尾流，并在这个尾流区形成真空，将空气排尽。因此，球后方的压力较小，前方压力较大：这种压力差会减缓球的运动速度。尾流的大小与阻力系数有关。宽大的尾流意味着较高的阻力系数。球速越快，空气层就越容易形成湍流，使得空气流动更顺畅，尾流变得更窄。球运动速度快，其阻力系数就会减小：当时速达到 240 千米时，光滑的球的阻力系数能够降至 0.2 左右。然而，虽然球高速运动时阻力系数较小（大约减少为原来的 1/2 或 1/3），但阻力本身却更大，因为它取决于速度的平方。

光滑的球比不规则的球受到的阻力更大。实际上，球体表面的不规则性会产生小的涡旋，这些涡旋会形成一个围绕球体的"皮肤"，从而改善空气流动，降低阻力系数。当时速达到 100 千米时，阻力系数会降到 0.1。例如，板球和棒球上的接缝会减少阻力。另一方面，对于网球来说，由于其表面有绒毛（球面毛茸茸的覆盖物），阻力较大（系数为 0.65，但对于磨损的球来说是 0.5）。然而，网球表面的绒毛确实有其作用：击球时它能为运动员提供更好的控制力。

在迎风面积相同的情况下，椭圆形的橄榄球比正圆球体受到的阻力更小。这是由于在时速达到 15 千米以上时，阻力系数 c_d 的值会更低，约为 0.2。

图 3-2　在高尔夫球和羽毛球运动中，可以看到类似的轨迹：球从一个较大的角度发出，加速至顶点处的速度极限，然后由于重力和空气阻力的共同作用，球以几乎恒定的速度降落

在低速运动时，阻力不影响球的运动轨迹，但随着速度增加，它可能变得与重力相当，有时甚至达到网球、板球、棒球或羽毛球的速度极限，此时阻力和重力会相互抵消（图 3-2）。

另一个作用于自旋球上的力是马格努斯力，它与运动速度垂直。例如，如果球顺时针旋转，那么球的底部相对于空气的速度大于球的顶

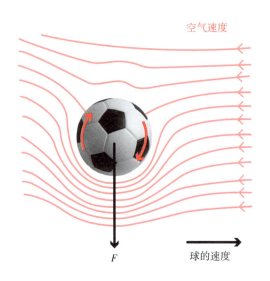

空气速度

F

球的速度

图 3-3　马格努斯效应的示意图。球顺时针旋转（俯视图）。当球自旋时，球的顶部受到的压力大于底部，因此会产生一个向下的力

部，因为球相对于空气的速度与球的行进速度相反，而且我们在此基础上还添加了旋转速度。因此，球的尾流向下偏转（图3-3）。伯努利定律（Bernoulli's law）描述了速度与压力之间的关系，即高速区的压力比低速区低。我们可以看到，球的顶部比底部受到的压力更大，因此向下施加了一个垂直于初始速度的力，从而使球的运动轨迹发生偏转。

　　如果是旋转球，如图3-3所示（这被称为"刷球"），它的运动轨迹则会向右弯曲；如果球向相反方向旋转，其运动轨迹则会向左弯曲。如果从上到下刷球（称为"切球"），它会受到向上的力，球的运动轨迹变长，弹跳高度降低。相反，如果从下到上刷球（在"托球"情况下），则会产生向下的力，球的运动轨迹较短，弹跳得更高。

马格努斯力大小的计算公式与阻力的计算公式类似：

$$\frac{1}{2}c_M\,\rho_{air}\,Av\,\omega$$

其中 A 是球的表面积，ρ_{air} 是空气密度，v 是球的速度，ω 是球自传的速度，c_M 是马格努斯系数。随着高度增加，空气密度降低，因此马格努斯效应在海拔较高的地方不那么显著。

为什么高尔夫球上有凹坑？

高尔夫球的表面并不光滑，是由 250 个到 500 个不等的凹坑组成的，具体数量因球而异（图 3-4）。不仅每个球的凹坑数量都不相同，而且这些凹坑的大小、深度和形状也因球而异。当前的一个研究课题就是了解高尔夫球上凹坑的最佳几何形状和分布。这涉及非常耗时的计算，目前还未找到解决方案。

图 3-4　高尔夫球上的凹坑

这些凹坑对球的运动轨迹有很大的影响，它们可以减少阻碍其运动的摩擦力（阻力）。凹坑的分布会使阻力发生很大的变化。因此，没有凹坑的球比有凹坑的球飞行距离更短。但如果凹坑太深，反而会减慢球速，而凹坑最浅的球飞行距离最远。更准确地说，凹坑必须浅，而且凹坑与球面之间的角度要明显，即凹坑在球的表面上要断开：不规则性有助于减少阻力。据计算，在理想的情况下，凹坑凹进球体的过渡区域应有 40% 左右的坡度变化，但深度要很浅。有些高尔夫球是圆形或六边形蜂窝结构，凹坑分布在重复三角形中，或者以圆环形式分布，有些具有精心设计的不对称性。然而，数学优化理论至今尚未能够确定最佳的蜂窝分布。然而，通常情况下，两个半球的模具是分别制作的，所以中位线上永远不会有任何凹坑！

20世纪初，英国人威廉·泰勒（William Taylor）发现旧球比新球飞得更远，而且球表面的不规则性或缺陷会提高飞行距离。但是，为什么凹坑会减少空气阻力呢？

当高尔夫球移动时，空气在其周围形成一个薄薄的气层，这个气层也会随之移动。球的凹坑在其周围产生一些小的涡流，使空气"附着"在球上，形成一种皮肤。

这就好比球表面的材料是空气，所以摩擦力比光滑的球小得多。因此，高尔夫球后面的尾流要比光滑球后面的尾流小（图3-5）。

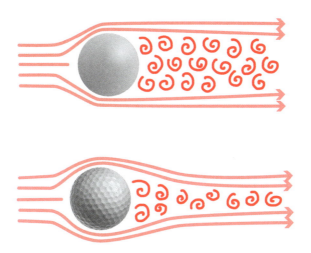

图3-5　与以相同速度向前飞行的光滑球（上边的图）相比，高尔夫球表面的凹坑产生的尾流（下边的图）较小，因此所受阻力更小

阻力一般与速度的平方成正比。就高尔夫球而言，阻力系数 c_d（见方框）不是恒定的，而是与速度成反比。因此，由于有凹坑，高尔夫球的阻力与速度成正比（而不像光滑的球那样与速度的平方成正比）。与没有凹坑的球相比，对时速 200 千米的高尔夫球来说，阻力就大大减少了。

阻力与速度成正比，而不是与速度的平方成正比，这一事实改变了抛物线的轨迹：球几乎呈直线上升，几乎是垂直降落。

我们可以写出高尔夫球的运动方程并将其作为击球角度 θ_0 和初始速度 v 的函数求解，然后绘出击球角度 θ_0 在 10° 和 50° 之间的轨迹（图 3-6）。飞行距离，即球到达的最远距离，在角度为 26° 时最大。在高角度轨迹中，球发出、上升、接近顶点时减速，然后以几乎恒定的速度下落（由于重力和阻力相互抵消）。其运动轨迹与最大高度点完全不对称。

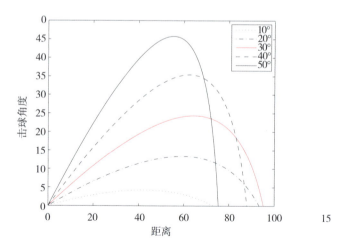

图 3-6　随着击球角度变化的高尔夫球运动轨迹。产生最远距离的角度是 26°

角度 θ_0 的大小取决于所选球杆的杆面倾角。实际上，从实验的角度来看，它略小于杆底角。高尔夫球杆制造商通常认为木杆的最佳角度是 $11°$，可以实现最大的击球距离。为了找到这个小于 $26°$（图 3-6）的角度，我们需要考虑升力的影响。确实，球常常以旋转的方式发出，从而产生将其提升的马格努斯效应，使球的上下表面形成压力差。旋转使得球上方的空气流动加速，而下方的空气流动变慢。根据伯努利原理，球上方的压力因此较低，形成一个将球向上推的力。这个力可以用下面的公式来表示：

$$\frac{1}{2} C_1 A \rho v$$

其中，C_1 是升力系数，v 是速度，ρ 是空气密度，A 是球的横截面积。因此，一个旋转球会比以相同角度发出但没受到马格努斯效应影响的球飞得更高。

在通常情况下，这些方程无法进行显式求解，但可以使用计算机计算出球的轨迹。与没有凹坑的光滑球相比，这两种效应结合在一起会使球的轨迹长度增加 30% 左右。

但对于大多数高尔夫运动员来说，问题并不在于精确的击球角度，而在于把握击球的合适时机！

为什么足球由六边形和五边形组成？

最初的足球由 6 ~ 18 块皮革制成，通过系带拼接在一起。因使用猪或羊的膀胱充气，所以并不是完美的球形，这使它们无法正常滚动，并可能导致假弹起。1952 年，首批不需要气阀或系带的足球被定为官方用球。从 20 世纪 60 年代开始，为了电视转播的需求，足球的颜色都被改为了白色。1970 年世界杯期间，足球采用了黑白相间的设计。自此，这种黑白足球被传承下来，在很多情况下成为足球的象征，例如在表情符号中代表足球的符号⚽，或者在更广泛使用的 UTF-32 编码的计算机标准中，其编码为 U+26BD。

为了使足球尽可能接近球形，我们现在最常见的足球由 20 个白色六边形和 12 个黑色五边形连接而成。但为什么要这样设计呢？

因为这两种多边形是你能得到的最接近球体的东西！的确，用平面逼近球形是一个非常复杂的问题。虽然只用五边形可以构成一个封闭的类似球体的立体物（但它离球体相去甚远，滚动效果不佳），但用相同的六边形来逼近球体是不可能的——你必须加上五边形。因此，足球是一个由 32 面构成的"多面体"，以便使它尽可能地接近球体。它是一个截顶二十面体。它有 32 个面（12 个五边形和 20 个六边形）、60 个顶点（每个顶点周围有 2 个六边形和 1 个五边形），以及 90 条边。下面我们更详细地说明一下。

二十面体是一个有 20 个面（二十在希腊语中为 icosa）的物体：由 10 个三角形组成的王冠状物，上面和下面各有一个由 5 个三角形组成的"帽子"（图 3-7 左侧图）。它被称为"截顶"，是因为它的 12 个顶点中的每一个都被截到其边长的 1/3 处（图 3-7 中间图），这样最终得到的球就"圆"了。

图 3-7　截顶的二十面体：左边是二十面体，一个有 20 个面的多面体；中间，12 个顶点都被截到其边长的 1/3 处；右边，截去顶点之后得到的图形

在图 3-7 中，中间那个图形被截除的部分（黑色）呈现出六边形（灰色）。在右侧的图中，被涂成黑色的图形在顶点周围被截去，形成了五边形。

球充气后，这些边和顶点就会完全消失，使球呈现出近乎完美的圆形（图 3-8）。

图 3-8　由白色六边形和黑色五边形组成的足球

这种设计的目的是使足球尽可能地接近球体，以便使其能够顺畅地滚动。但是，32 面的设计还有两个优势：首先，与光滑的球体相比，它有利于守门员更好地抓握，因为光滑的球体没有粗糙度，会发生滑动；其次，在踢球时，不规则性会使效果更好。

每一届世界杯，足球的形状都在不断演变。为了 2022 年卡塔尔世界杯，阿迪达斯专门设计了一款名为"阿尔·里拉"（Al Rihla）的新款 20 个面的足球，这个名字在阿拉伯语中的意思是"旅程"（图 3-9）。它由 8 个圆角三角形和 12 个锥形冰激凌形状的面组成，其灵感来自某些船只的风帆形状。

图 3-9　2022 年卡塔尔世界杯官方比赛用球"阿尔·里拉"

新球的目的是让它跑得更快，特别是减少其在高速运动时的阻力。为此，我们发现（见"阻力系数"方框）这就需要一个稍微不规则的表面。我们需要在面的数量、形状、接缝和质地之间找到合适的平衡。这款新球没有接缝，而是通过热黏合技术黏在一起，但结合处的宽度比以前的球增加了 2.5 毫米，深度增加了 0.5 毫米，产生了限制阻力的不规则性。涂层（主要是聚氨酯）和钻菱形压纹设计也是为了优化速度。每届世界杯，研发和技术都在不断进步！

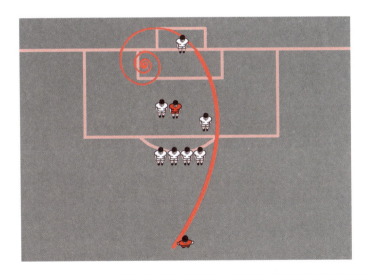

贝克汉姆是如何罚任意球得分的?

2001 年 10 月 6 日,英格兰队以 1∶2 落后于希腊队,这意味着他们如果输掉本场比赛就不得不与乌克兰队进行一场艰难的附加赛才能晋级 2002 年世界杯决赛。比赛第 93 分钟,队长和曼联宠儿的大卫·贝克汉姆(David Beckham)挺身而出,他在以一记惊艳的任意球,直挂球门死角,直接将英格兰队送入了韩日世界杯的决赛。希腊球员刚开始看着那颗绕过人墙的球时以为自己安全了,但让人意想不到的是,球却向左弯曲,最终落入球门,帮助英格兰队以 2∶2 战平希腊(图 3-10)。

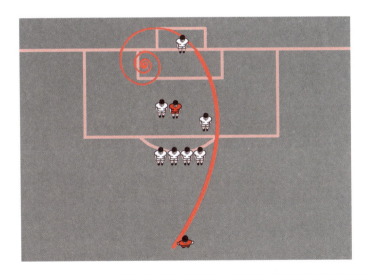

图 3-10 任意球。利用马格努斯效应射出的球,俯视图。球自旋并沿螺旋轨迹飞行。它绕过对手组成的人墙,避开守门员,并进入球门。如果没有球网,球飞行轨迹的末端会更细一些

大卫·贝克汉姆的任意球如此精准，以至于"像贝克汉姆那样踢出美丽的弧线"这句话广为流传。然而，如果没有马格努斯效应，他那些著名的任意球就无法实现！

要做到这一点，你需要以一定的速度抛出一个自旋球。如果球逆时针旋转，这样一来会使其左侧的空气加速、右侧的空气减速。根据伯努利原理，球左侧的压力因此较低，产生的力将球推向这一侧。如果球顺时针旋转，力则作用在另一侧（图3-11）。

贝克汉姆"刷"球，例如通过将球击到其轴线右侧，从而使球围绕自身旋转。

如果我们假设球的轨迹几乎是圆形的，我们可以利用马格努斯力和离心加速度的公式求出这个圆的半径：

图 3-11　俯视图。球被向上踢出，产生旋转效果。左图，向左旋转，轨迹向左偏移。右图，向右旋转，轨迹向右偏移

$$R = \frac{2mv}{c_M \, \rho_{air} \, A \, \omega}$$

其中 A 是球的表面积，ρ_{air} 是空气密度，v 是球的速度，m 是球的质量，ω 是球本身的旋转速度，c_M 是马格努斯系数。由于阻力也必须考虑在内，因此速度逐渐降低，半径也随之减小，从而形成螺旋轨迹。

需要注意的是，在海拔较高的地方，空气密度会降低，从而减弱了我们所讨论的上述影响。

为什么篮球比网球弹跳性更好?

当篮球弹跳时，它的高度会逐渐降低，因为在回弹后，仅有部分能量得以恢复，其余的在撞击中损失掉了（图 3-12）。

图 3-12 篮球弹跳

下面这个比率就是我们所说的恢复系数:

$$e = \frac{v_{after}}{v_{before}} \ (e \text{ 类似 "弹力"})$$

其中 v_{after} 是回弹后的速度，v_{before} 是回弹之前的速度。

该参数越接近 1，球回弹时弹性越大，球的速度和高度损失就越少；相反，该参数越接近 0，球的速度和高度损失就越大。

速度损失的比例 e 也反映在初始高度的损失上。事实上，高度 h 与冲击速度 v 的关系公式为 $v = \sqrt{2gh}$（见前一章）。因此，如果 h_{before} 是回弹之前球的高度，h_{after} 是回弹之后球的高度，那么我们也可以得出下面的公式：

$$e = \sqrt{\frac{h_{after}}{h_{before}}}$$

系数 e 取决于地面的特性，因为网球或篮球在水泥地、黏土地或草地上的回弹方式不同。

国际网联批准使用的网球在离水泥地面 100 英寸（约 254 厘米）高度落下后，回弹高度应在 53 ～ 58 英寸（即 134.62 ～ 147.32 厘米）之间。因此，其恢复系数应介于 0.73 和 0.76 之间。

在篮球运动中，同质性规则要求，如果篮球从 1.8 米的高度落下，它的回弹高度应在 1.2 ～ 1.4 米之间，也就是说，其恢复系数必须在 0.82 ～ 0.88 之间。

我们不难发现，篮球确实比网球弹跳得更好、更高。然而，即使我们知道如何制造弹跳性更好的网球，这样的网球也不会被批准使用。

在篮球比赛中，速度很重要，因此球必须迅速从地面弹起。但在网球比赛中，如果球回弹过快，发球就会更难接，因为球的速度会非常快。这就解释了为什么不批准恢复系数更高的网球的原因。

为什么天冷时要经常更换高尔夫球？

恢复系数也用于衡量球与击球工具（如高尔夫球杆、棒球棍、台球杆）之间的碰撞效果。

例如，高尔夫球杆的恢复系数越高，球就飞得越远。球获得的速度 v_{ball} 可以表示为击球瞬间球杆速度 v_{club}、球和球杆质量比和恢复系数的函数：

$$v_{ball} = \frac{1+e}{1+\dfrac{m_{ball}}{m_{club}}} v_{club}$$

这就告诉我们，球员击球时的动作越快，球的速度就越快。那么在高尔夫球运动中，重要的不是你击球的力量，而是击球瞬间球杆的旋转速度（以及击球的准确性）。

一个高尔夫球的质量约为 46 克，一支高尔夫球杆的质量为 200 克，将其套用在上面的公式中，分母为 1.23。

另一个重要的因素是恢复系数。

20 世纪 70 年代，高尔夫球的恢复系数约为 0.7，这意味着当以 185 千米的时速击球时，球获得的速度为 1.7 × 185/1.23=255 千米 / 时。

自那以后，制造高尔夫球和球杆的技术有了显著提升，目前的回弹系数为 0.86。

但这还取决于温度。在天冷的时候，球的恢复系数会降低。例如，在 0℃时，球的恢复系数可能会下降约 25%，降至

0.67。因此，在冬天，最好将高尔夫球放在口袋里暖一暖，并定期更换。

温度还会影响其他的弹跳现象，比如鞋子在跑道上的弹跳性能——鞋子的弹跳性能也会随着温度的升高而提高。

网球拍的甜区是什么？

网球不仅仅是击球那么简单，而是一项力量与精准度并重的运动。你需要赋予网球一定的速度，但同时也需要控制球的方向，避免伤害到自己或引发肘部疼痛，即著名的"网球肘"。要实现这一点，你需要了解击球的位置和方式，并且根据你是在发球还是在回击对手的球采取不同的策略。

发球时，你希望将所有的冲击力都转移到球上。因此，应选择恢复系数最小的点，这样所有的能量都能进入球中——这就是所说的哑点。反之，如果你在接球时击中哑点，所有的能量都会留在球拍上。因此，哑点是最不适合回球的位置。

当你回球时，最好用球拍的中间位置击球，这个位置通常称为甜区（球拍面的有效击球区），但具体的位置取决于你的目标（图 3-13）。当球击中球拍时，先是引起网球线振动，

图 3-13　网球拍的甜区。发球的哑点，回球的最佳回弹位置。由于受拍柄重量的影响，球拍的重心并不在绳网上，而是在稍微低一点的位置

然后引发拍框振动。此时的目标是尽量不让振动传递到手臂，以免受伤，并释放尽可能多的能量，以便能够再次进行高速击球。

球拍的振动是可以进行精确研究的。球拍存在多种振动模式，但是你需要尽量限制第一种振动模式对击球的影响。要做到这一点，你需要用球拍上靠近节点的位置击球，因为节点根本不会发出震动。另一个重要的点是撞击的中心点，它是球拍上唯一一个在击球瞬间不会移动的点。当球击中球拍时，球拍会向后移动（即发生平移）并围绕其重心旋转。这两种运动的结合使得只有一个点保持不动，它就是撞击的中心点。最后一个重要的点是振动中心，也就是绳网区域，在这个区域内恢复系数最大，因此回弹也最大——球从这里离开时速度最快。最佳回弹区靠近球拍底部。这三个点靠得很近，很难精确地击中其中任何一个，因此通常将它们作为击球的目标区域。

为了改善球拍的性能并帮助球员更好地回球，人们正在进行大量的研究。自第一代木制球拍问世以来，球拍材料一直在演变，从金属材料制成的球拍，到如今的复合材料球拍，尤其是碳纤维球拍，这些材料使得球拍变得非常轻盈。网球线的材料和长度也发生了很大的变化。较长的球线（例如在大拍头上）能够产生更大的变形，因此会将更多的能量传递给球，从而使球打得更有力量，速度更快。

20 世纪 80 年代，人们开始使用更厚的拍框，以增强刚性。这种拍框的缺点是精确度较低，用起来通常也不太舒适，因为振动会反射回手臂。但这种拍框可以让运动员爆发出更强的力量。刚性拍框的变形较小，因此吸收的球的能量较少，而这些能量又会回传到球上，使球更快地弹起。而柔性拍框会发生变形，吸收球的能量，使得球与球线的接触时间较长，对球的影响可能很大。因此，从理论上讲，使用较软的球拍时，可以稍微加一些旋球，比如在挑高球时。

20 世纪 90 年代，长柄球拍问世，由于击球点离枢轴点更远，因此速度更快，从而提供了角速度，但对于经验不足的运动员来说，这将会降低其精准度。

因此，技术进步使得世界顶尖选手的击球速度得以提升，但他们还必须在力量、精准度和旋转之间找到一个平衡点。

在橄榄球比赛中，为什么向后移动更有利于在达阵后追加射门得分？

在橄榄球比赛中，射门是一项全身运动，涉及角度、平衡、力量和时机。正如所有橄榄球专家所知，达阵后追加射门得分的最佳方式是向后移动以打开角度，即使这意味着需要更长的射程。但是，你应该从哪里以及如何向后移动呢？事实如下：橄榄球场宽 70 米，球门柱间距为 5.60 米。我们需要在给定的垂直线上，从坐标为 $(x，y)$ 的 A 点出发，找到我们可以看到球门柱的最大角度 α（随 y 变化）。为简单起见，我们可以假设球门柱 B 点和 C 点的坐标分别为 $(-1，0)$ 和 $(0，1)$，这相当于将所有距离除以 5.6 的一半，即 2.8。我们将 α 表示为 x 和 y 的函数，以便对其进行优化（图 3-14）。

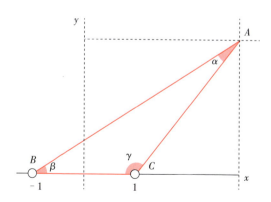

图 3-14　A 点的坐标为 x 和 y，即你踢球的位置。B 点和 C 点是球门柱

最简单的方法是计算这些角度的正切值。回想一下：

$$\tan\alpha = -\tan(\beta+\gamma) = -\frac{\tan\beta + \tan\gamma}{1 - \tan\beta \cdot \tan\gamma}$$

此外，$\tan\beta = \dfrac{y}{x+1}$，且 $\tan\gamma = -\dfrac{y}{x-1}$。这使得我们能够计算：

$$\tan\alpha = \frac{2y}{x^2+y^2-1}$$

简单的导数计算表明，在曲线 $x^2=1+y^2$ 上，可以得到 α 的最大正切值。所以，如果踢反弹球的运动员不是面对球门柱，最好后退 $y = \sqrt{x^2-1}$ 的距离。在橄榄球比赛中，我们总关心 x 大于 10 的情况，因此最佳踢球距离大致为 $y=x$。在这个距离上，运动员看到球门柱的角度是最大的。因此，他必须与球门柱中心保持相同的水平和垂直距离。所以，如果他离边线的距离为 d，他需要距离球门柱线 $35-d$，距离 22 号线 $35-d-22$！这一次，问题不在于空气的影响，而在于最大限度地扩大射门角度。

第四章

水、风和温度

水、风和温度

为什么在水中漂浮时吸气比呼气更有利？

要想在水中漂浮，身体的密度必须小于水，即其重量小于完全充满水时的重量。正是由于这种密度差异，人体才得以在水中漂浮，而这要归功于阿基米德浮力定律：任何浸入液体中的物体都会受到一个向上的力，这个力的大小等于物体排开液体的重量。因此，当物体被置于水中并漂浮时，它会排开与其浸没部分体积相等的水。在平衡状态下，物体的总重量等于向上的浮力，而这个浮力又等于物体浸入水中部分排开的水的重量。考虑到水与人体的密度比（前者为 1000 千克／立方米，后者为 950 千克／立方米），人体可以漂浮在水中。在尾浪滑水运动中，这一点是众所周知的。因此，平均而言，人体体积的 95% 是浸没在水中的。当然，这也取决于身体状况：由于肌肉密度比脂肪大，即肌肉比脂肪重，所以一个肌肉非常发达但没有脂肪的运动员在水中受到的浮力比体重相同的普通人要小。

但是，有一种方法可以改变浮力。一方面，如果你增加物体浸没部分的体积而不改变物体的质量，浮力就会增加，从而使物体漂浮得更高。一个简单的方法是使肺部充满空气——肺部体积增大，因而身体体积增大，又因为空气的密度比水的密度小得多，因此推动身体向上的浮力会增加。另一方面，如果你用力呼气，肺部体积会变小，身体体积也随之变小，因此身体就会下沉。这种浮力也解释了为什么要潜入水中，你必须对手臂或身体施加一个向下的力。

为什么我们在空气中感受不到像在水中那样的升力呢？简单来讲，因为空气的密度为 1.2 千克 / 立方米，比水的密度小得多，大约是水的密度的千分之一。因此，升力在空气中也存在，但空气中升力与重量的比值通常非常低，大约为 1∶1000，因此可以忽略不计。

浮力作用于浮心，即物体浸没部分的重心。为了使物体保持其在水中的方向（即不倾覆），浮力也必须通过物体重心。若其偏离物体重心（图 4-1），该物体会发生旋转直至浮心与重心重合，此时达到了旋转平衡。吸气或呼气都可能会导致身体旋转，以重新建立重心的平衡，这是因为吸气或呼气改变了物体浸没部分的体积。

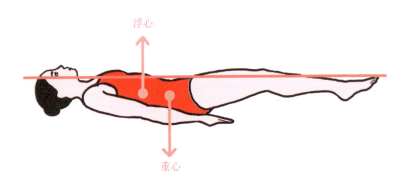

图 4-1　重心与重量、浮心与浮力：浮力的作用点位于重心左侧，因此将导致游泳者在水中按顺时针方向旋转

为什么我们在水下游得更快？

　　游泳涉及水与游泳者之间的相互作用。游泳者在水中摆动双臂和双腿，产生了推动自己前进的推力，但这一推力受到了另一种力——阻力的影响，该阻力会减缓游泳者向前移动的速度。游泳者游得越快，所受的阻力就越大。因此，必须尽可能地减小阻力，提高游泳者速度。游泳者在水中受到的阻力可分为三个部分：

　　1. 压差阻力——这是由于游泳者在游泳时推开前面的水流，从而使身体前侧（高压）和后侧（低压）的水之间产生了压力差。如果游泳者尽可能保持身体水平并分开水流，阻力就会降低，这样就减少了前进方向上的正面面积，从而最大限度地减少压差阻力。

　　2. 摩擦阻力——水流围绕游泳者流动，让其通过。当水沿着游泳者身体流动时，二者就会产生摩擦。这种摩擦发生在直接接触身体的极薄水层中。为了减小这种摩擦，游泳者需要刮去体毛、戴上泳帽。此外，模仿鲨鱼皮的潜水衣可以极大地减少摩擦阻力，从而使游泳者在水中轻松地移动。这些聚氨酯潜水衣在 2008 年至 2010 年间在帮助运动员打破多项游泳纪录上起到了很大作用，但随后被禁止在比赛中使用。

　　3. 波浪阻力——这是由于游泳时手臂和腿部运动形成的波浪造成的。在低速游泳时，阻力主要来自波浪与身体之间产生的摩擦力，但在竞技游泳运动员的速度（约 2 米 / 秒）下，波浪产生的阻力最大，因此掌握能够限制波浪振幅的游泳技术至关重要。

　　当身体完全被水浸没时，这些阻力就会减少：一方面，水与身体摩擦时产生的阻力在水下比水面上要小；另一方面，手臂和腿部运动形成的波浪也会减小。在水下，游泳者游得更快，遇到的阻力大约是在水面上的 0.4 倍。因此，当孩子学习游泳时，自然倾向于略低于水面，在他上方留出大约相当于身体厚度的距离，他会自发地找到最佳的位置。

　　水下游泳技术海豚式打腿（海豚踢）可以增加推力（图4-2）。游泳者通过波浪形运动推动水流（产生推力）。根据牛顿第三定律，水反过来又推动游泳者，从而产生使其向前运动的推力。竞技游泳运动员就是这样开始比赛的：他们待在水下，

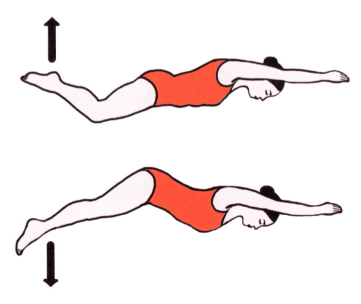

图 4-2　海豚踢。游泳者通过上下摆动身体，用力将水向上踢，然后向下踢，利用水推动自己前进

做波浪形运动，上下交替推动自己前进。游泳运动员能以高达2.5 米 / 秒的速度向前游动。

海豚踢的威力之大，以至于国际泳联不得不规定游泳比赛中的出发和转身距离不得超过 15 米，否则运动员就面临被取消比赛资格的风险。2010 年，美国游泳运动员希尔·泰勒（Hill Taylor）采用海豚踢，在 50 米仰泳比赛中打破了世界纪录，与之前纪录相比，他用时减少了 1 秒。如今，在比赛中，游泳运动员利用这 15 米进行水下波浪形运动以提高游泳成绩。

为什么在浅水区划船或划桨更难？

无论风浪如何，水深都会影响船速。就像游泳者一样，独木舟或皮划艇也会因受到阻力的影响而减速，这种阻力由三个部分组成——形状阻力，它与船体的形状有关；船体上的黏滞阻力；波浪阻力。船体形状与材料的设计都是为了减小这种阻力。水在船体周围形成一层薄膜，与船体一起向前移动。只有在非常浅的水域，水大约是这层薄膜厚度的几倍时，船体受到的运动阻力才会变得非常大。这并不是因为船体有碰触到水底的风险，难以前行，而是因为在浅水区水无法像在深水区那样在船体周围形成随其移动的薄膜。

另一方面，波浪阻力的大小在很大程度上取决于水深，这在浅水区尤为明显，这时的波浪相互干扰，产生的阻力是深水区的 3 ~ 4 倍。例如，一艘船身长 4.5 米的皮划艇，以 4.5 米 / 秒的速度行驶，在水深 2.55 米处，它受到的阻力最大。当速度 v 与重力 g 和深度 d 的平方根之比即 $\dfrac{v}{\sqrt{gd}}$ 约为 0.9 时，它受到的阻力最大。但是，这种随水深变化的阻力极为复杂——在水深 1.05 米处阻力最小，在水深 0.8 米处变得非常大，在水深大约 8.30 米处又变得非常小。

为什么帆船的航行速度比风还快？

在古代，最早的帆船采用的是四角帆（图 4–3a），如果不顺风的话，帆船就无法前进，而且航行速度也不会比风快。这就是为什么希腊人在对特洛伊开战之前不得不等待顺风的原因。在地中海地区，风向变幻莫测，帆船无法依靠顺风和四角帆航行，而 9 世纪引入的三角帆让"逆风航行"成为可能，因为可通过改变帆的倾斜角度来实现逆风航行（图 4–3b）。

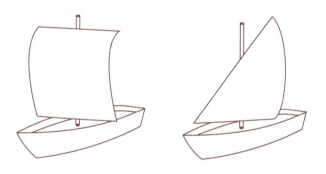

图 4-3　四角帆与三角帆

今天，你能看到帆船的航行速度比风速快得多，有时候仅需借助侧风。这是怎么做到的呢？

帆的工作原理取决于船只与风的方向关系。图 4–4 表明了速度为 V_{wind} 的风与水平方向夹角为 θ 的情况。帆面两侧的气流在迎风面和背风面之间产生压力差。帆面的设计旨在让其周围空气流动得更顺畅，并产生尽可能大的升力。三角帆的灵活性使其能够模仿飞机机翼的行为，并能够根据风向灵活地调整帆船航向，以获得最大的推进力。

帆面所受的合力称为 F_{sails}，它大致与帆垂直（更准确地说，它与帆弦垂直）。

它分为两种：

1. 升力——它与风向垂直，具有推进作用。

2. 阻力——它与风向平行，往往会导致帆船发生横移，也能严重破坏其平衡，甚至导致其倾覆。这时就需要龙骨或稳向板发挥作用了。

龙骨的作用就像水下的机翼，其物理原理与帆一样：水施加给帆船的力被分解为升力和阻力。龙骨的作用是产生尽可能多的反作用力，以抵消风对帆的阻力，以最大限度地减少船的横向移动。当这两种力达到平衡时，帆船就以恒定速度 v_{boat} 航

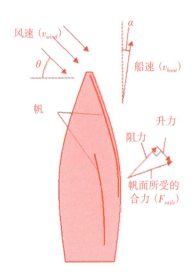

图 4-4 有风时，作用在帆船上的升力与阻力

94

行，速度大小取决于龙骨与水流形成的攻角。船速 v_{boat} 的方向略微偏离船轴右侧：帆船在水中并非直行；它需要稍微偏离中心，因为这可以让龙骨产生反作用力，以抵抗风施加在帆上的横向力。总之，帆和龙骨是让帆船有效航行的两个主要部件。

如果风从侧面吹来，船速 v_{boat} 有可能大于风速 v_{wind}。这是因为升力足够大：只要帆与视风（风速与船速之差）保持足够的角度（大约为 30°），帆就会产生推进力。因此，帆船的航行速度有可能比实际风速更快。这种情况同样适用于帆板、多体船和沙地帆车。

如果船体安装了水翼，即位于船底的特殊形状的鳍状物，它甚至可能使船体升到水面以上，这就是水翼飞行。水翼产生一种随速度增加的升力，它在帆船高速航行时抵消了船体受到的重力，并取代了浮力，将船体抬高至水面之上。这时阻力也会随之减小，帆船看起来好像在水面上飞行。

如图 4-4 所示，夹角 $\theta=90°$ 时，帆船无法直接迎风航行，因为此时帆面所受的合力 F_{sails} 不含升力，所以 θ 的角度大小有一个上限。对于高性能帆船而言，这一上限大约是 60°。另一方面，如果帆船顺风航行，视风就会减小（记住，视风是风速与船速之差）。所以，与直觉相反，顺风航行实际上并不是最快的，因为帆船不可能比真实风速更快。

为何扰流板会防止赛车离地？

　　这看起来似乎有些矛盾，不过在地面上移动的确需要摩擦力：如果地面没有摩擦力，汽车就会滑动和打滑。正是摩擦力使得车轮能够转动而不是滑动，从而使汽车紧贴着地面行驶。摩擦力阻碍汽车运动，并与地面的反作用力成正比。该比例系数约为 0.01，即摩擦力等于在平坦路面上汽车的重量乘以0.01，因此对于一辆 1000 千克重的汽车来说，其摩擦力为 98牛顿。

　　汽车转弯时会因离心力的作用而倾斜，这时摩擦力可以防止汽车离地，因此，摩擦力对于汽车行驶必不可少。增加摩擦力的一个简单方法就是增加车辆的重量：重量越大，地面反作用力就越大，因此摩擦力也越大。然而，这样的话，汽车就需要更多的燃料才能前进，因此这并不是明智之举。

　　为了在不增加重量的同时增大摩擦力，赛车引入了扰流

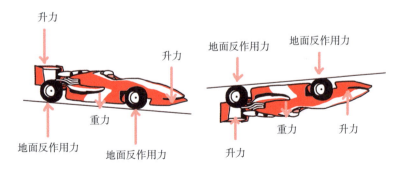

图 4-5　作用在赛车上的力：重力、地面反作用力与升力

板。扰流板会产生一种向下的空气动力，将赛车向下压：它与作用于飞机机翼上的力相同，但方向相反。

这样，赛车受到自身重力和升力的作用，这两个力都是向下的。地面反作用力必须等于这两个力之和，以防止赛车离地。对于安装了扰流板的赛车来说，地面反作用力会增加，摩擦力也会增大，因此赛车不会离地。在赛车高速（约为300千米 / 小时）行驶状态下，这个升力是车体重量的3倍左右。如果把路面倒过来，这个升力甚至仍然能够使赛车继续紧贴地面行驶！

为什么骑自行车时不应过度低头？

骑自行车时，阻碍前进的主要力量是空气阻力，亦称风阻，它与速度的平方成正比。由于自行车手的速度有时会达到将近 60 千米 / 小时，因此找到限制阻力的方法非常重要。与上面提到的游泳者受到的阻力一样，空气阻力的成因有三：

1. 空气从前面冲击车手；
2. 空气绕过车手，让他通过；
3. 车手后方的空气形成涡流。

为了减少阻力，自行车手必须：

- 采用空气动力学姿势以减少身体迎风面积；
- 挑选能让空气在其周围流动的装备（头盔、骑行服），他甚至会剃掉身体未被衣物覆盖部分的体毛，以便让空气更好地流动；
- 尽可能减少其身后空气形成的涡流。

除了头盔、头盔的形状和技术之外，头部的位置也很重要。头盔与头部的角度太大或太小，都会增加阻力，从而减慢车手的速度。下面让我们更深入地了解一下。

在骑行时，跟骑比做领骑更有优势。在车队中，跟骑者可以维持速度，减少体力消耗，感觉自己在被"拉"着前进，而领骑者则会在几分钟后便感到疲惫。这是因为任何在空气中移动的物体后面，都会产生一个压力较低的涡流。因此，如果跟骑者紧随领骑者，他会发现自己处于一个低压区，不仅没有空气向他袭来，而且他还能从吸力效应中获益（图 4-6）。

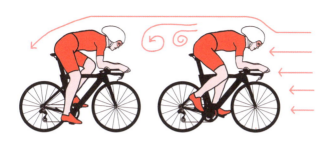

图 4-6　空气对两位相互追赶的自行车手的影响

　　鲜为人知的是，领骑者也能从吸力效应中受益，也可以减少大约 5% 的阻力。跟骑者通过跟随领骑者，吸收了领骑者身后的一部分涡流，使领骑者身后的涡流减少，从而减少了领骑者前进的阻力。但这只有在领骑者采用空气动力学姿势骑行时才有效。

　　头盔的设计也是如此：在头部抬起时，让空气轻松地在头盔周围流动，但如果头部过低，就会在头盔后面形成涡流，阻力也会增加（图 4-7）。头盔应该占据头部后方的空间，以减少涡流的产生。但是这类头盔不适合环法自行车赛，因为在该项比赛中，车手需要同时观察道路的起伏状况以及身后的竞争对手。

图 4-7　头部位置不同，空气对头盔的影响不同：在左侧图中，空气流通顺畅；在右侧图中，头部位置过低，形成涡流，减缓了骑行速度

所有这些都与风速无关，仅与车手的骑行速度快分割了气流有关。在没有风的情况下，由于空气与车手碰撞的速度方向与他们骑行速度方向相反，所以车手最好采用单线队列骑行。

　　现在，我们假设有风。一方面，如果风向正好与骑行方向相反，那么情况与无风时类似，这时风速和骑行速度叠加在一

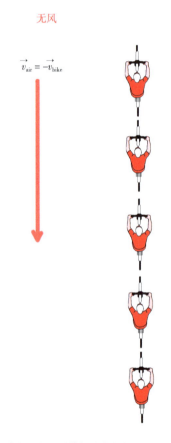

图 4-8　无风时，空气与车手碰撞的速度方向与车手骑行速度方向相反。一组车手最好呈单线队列骑行

起。因为在以车手为参照物时，空气速度就等于骑行速度加上风速（图 4-8）。

　　另一方面，如果风从侧方吹来，即与骑行方向垂直，那么

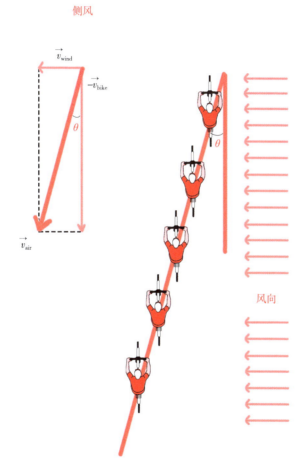

图 4-9　如果出现侧风，空气冲击车手的速度提供了速度线，它是风速与车速相反方向的矢量之和

车手就不能呈单线队列骑行，而必须采用斜线队形以抗击横风（图4-9）。斜线阵与骑行方向所成夹角的计算方法是 $\tan\theta = \dfrac{v_{wind}}{v_{bike}}$。这不禁让人想起候鸟迁徙时，它们在空中会选择一个跟风向相对应的角度。

　　如果风从侧面袭来，那么它就具有横向分量和前向分量。在这种情况下，我们需要在正切公式中，用风速的横向分量替换 v_{wind}，用车速与前方风速之和替换 v_{bike}。

为什么室内赛车场的赛道需要加热？

　　在室内赛车场中，车手骑行速度非常快，因此会受到非常大的空气阻力，该阻力与运动方向相反。为了减少阻力，车手采用空气动力学姿势骑行。但是，减少阻力最有效的方法是车手在空气密度较低的地方骑行，因为阻力与碰撞次数成正比，也与空气密度成正比。要减少阻力，有两种解决方案：一是增加海拔；二是提高温度。实际上，海拔越高，空气密度越小，阻力越小。在1968年墨西哥城奥运会上，许多投掷和跳跃项目的纪录都被打破了，人们认为这可能与海拔2240米以及由此带来的阻力减少有关。然而，对于耐力运动来说，空气密度降低是不利的，因为空气中氧气含量减少了。

　　那么温度呢？在37℃时，空气中分子的数量比0℃时减少了13%，这可以使高尔夫球的飞行距离增加7%。对于自行车手来说，也是如此：温度越高，空气阻力越小。这就是为什么2012年伦敦奥运会的室内赛车场赛道温度被加热到28℃的原因。但这对观众来说可能并不友好。如果场内温度是20℃的话，观众会觉得更加舒适，但如果温度在20~28℃之间，车手受到的空气阻力可以减少3%，这对车手成绩的提升相当重要。

为什么高山滑雪速度比跳伞速度快？

也许有人会天真地认为，从足够高的地方进行自由跳伞就可以达到最大速度。但是，从 4 万米高空跳伞的世界纪录是时速 1340 千米，但那些从海拔 3 千米或 4 千米高山上跳伞的人，其速度大约是 200 千米 / 小时。而滑雪者可以在雪道上滑得更快：事实上，他们的滑雪速度纪录大约是 250 千米 / 小时。这是为什么呢？

在打开降落伞之前，跳伞运动员会受到自身重力的作用而自由下落，同时也受到空气阻力的影响，下落速度会减慢，空气阻力与他的速度 v 的平方（$v \cdot v$）和他的迎风面积 A 成正比，再乘以比例系数 κ。一般来说，跳伞时，跳伞运动员会采用雄

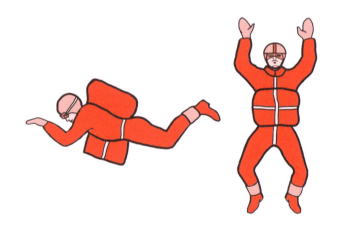

图 4-10　跳伞运动员：雄鹰展翅姿势的侧视图和仰视图

鹰展翅的姿势，张开双手双脚，并且微微弯曲（图 4–10）。

在自由下落过程中，跳伞运动员会达到一个稳定的速度，这时重力和空气阻力达到了平衡，即：

$$mg = \kappa A v_{skydriver}^2$$

速度滑雪运动员在滑雪时抱膝，目的是为了尽量减少暴露在空气中的体表面积，这样可以减少空气阻力。与跳伞运动员相比，滑雪运动员暴露在空气中的体表面积要小得多（图 4–11）。对于滑雪运动员而言，速度分析更为复杂，因为滑雪速度取决于斜坡角度 θ。此时，空气阻力的计算方法与跳伞时空气阻力计算方法相同，为 $\kappa A' v^2$，但由于姿势不同，与空气接触面积不同，A' 的值大约是 A 的 1/2。

为了理解滑雪运动员比跳伞运动员速度更快的原因，我们需要假设前者已经达到并保持了一个恒定的速度，此时各

图 4-11　团身下蹲姿势要求运动员尽可能地收拢四肢：膝盖弯曲，胸部倾斜，背部弓起，使滑雪杖的形状适合他的身体，因此他采用了对风几乎没有任何阻力的抱膝姿势

种力处于平衡状态。我们关注的是作用在运动方向上的力（图4-12）。首先是重力，方向向下，但会受到斜坡角度的影响，或者更准确地说，受到斜坡正弦值的影响。其次是较为重要的雪面摩擦力，其大小取决于雪面的干湿情况。我们将这个摩擦系数称为 μ，它在零度时干雪的 0.04 与湿雪的 0.20 之间变化。借助摩擦系数 μ，雪面的阻力与地面的反作用力成正比，摩擦系数 μ 与运动员未起跳时重力的垂直分量有关。

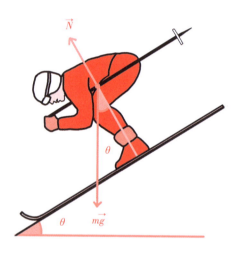

图 4-12　高山滑雪运动员。重力垂直向下，地面反作用力垂直于雪道，它们形成的夹角与重力及斜坡形成的夹角相同

由此我们得到一个速度值，这个值可以通过公式 $mg\,(\sin\theta - \mu\cos\theta) = \kappa A' v_{skier}^2$ 计算出来。因此我们可以看到，高山滑雪运动员与跳伞运动员之间的速度比：

$$\frac{v_{skier}}{v_{skydirer}} = \sqrt{\frac{(\sin\theta - \mu\cos\theta)A}{A'}}$$

我们知道 $\dfrac{A}{A'} = 2$。因此，如果 $\mu=0.09$，夹角大于 $35°$，那么高山滑雪运动员比跳伞运动员（二者的速度比大于 1）的速度更快。滑雪运动员速度远低于时速 250 公里的纪录，为每秒 53.65 米或时速 193 千米，这在斜坡角度较小的干雪道上更是如此。

为什么高山滑雪运动员应避免跳得过远？

在高山滑雪的滑降项目比赛中，如果坡度突然变得更陡，运动员就无法保持现有速度，必须跳跃。如果运动员没有预判到这次跳跃，而是依靠自身体重继续往下滑，就会浪费掉宝贵的时间，这是因为跳跃距离会很长。跳跃距离越长，运动员在空中就越难以保持空气动力学姿势，因为这时空气阻力更大，会使运动员的速度比下滑时更慢。最重要的是，跳跃距离越长，落地时腿部受到的冲击力就越大，从而减慢运动员的速度。下面让我们更深入地了解一下。

在法国阿尔卑斯山地区的瓦勒迪泽尔，女子滑降赛道的坡度大约为15°，运动员的速度大约为27米/秒（85秒内下降2300米）。假设一名运动员没有预见到滑雪道坡度会发生突变，因此进行了跳跃：此时，她将受自身重力的影响。我们可以计算出她跳跃的距离即14米，以及她的速度变化。在跳跃结束时，她的垂直速度达到了12米/秒。由于坡度突然增加到20°，这就给出了运动员的垂直速度 v_y 与落地瞬间的水平速度 v_x 之间的关系，即 $v_y = v_x \tan 20°$。在跳跃过程中，水平速度保持不变。然而，垂直速度却变为每秒2.5米。通过这种变化，我们可以计算出运动员腿部受力大小，该力等于速度变化乘以质量，再除以时间：大约为3000牛顿，或者为运动员体重的6倍左右（请注意：时间是根据垂直速度和重心的高度差来估算的，大约为50厘米）。

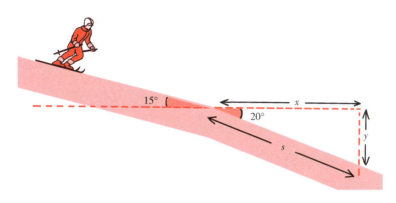

图 4-13 滑雪道坡度突然从 15° 变为 20°。s 为沿坡面的距离，x 为从跳坡点开始计算的水平距离，y 为垂直距离

　　当运动员看到滑雪道的坡度变化时，为了减少在空中的停留时间，她会迅速从蹲姿起身，并将双腿向上拉，在到达陡坡边缘之前就开始了跳跃。当运动员进行短暂的缓冲性跳跃时，真的会节省时间，而且进行缓冲性跳跃的时机至关重要，可以为大多数技术熟练的运动员节省 0.2 秒或 0.3 秒的时间。如果时机不对，跳跃距离就会过长而且高度过高。滑雪运动员优秀与否关键在于她的空气动力学姿势。优秀的运动员有时在起跳时最多可以节省 0.07 秒的时间，而且两个滑雪板同时平稳着地对于尽快重新接触雪面至关重要。此外，这样也可以减少运动员落地时对滑雪板的冲击力。因此，跳跃的一个重要内容就是运动员要对落地时的姿势进行预判。

第五章

旋转

为什么骑自行车时，速度越快，稳定性就越好？

很多人经历过学习骑自行车时去掉辅助轮的困难时刻：手总是左右扭来扭去，会失去平衡，感觉人马上就要从车上摔下来。但是，如果你能加快速度，就容易保持平衡，把手左右扭动的幅度也会减小。反之，如果你试图缓慢骑行或者静止不动，保持平衡就会变得非常困难。为什么会出现这种情况呢？为什么在你开始骑车的那一刻就能建立起平衡呢？为什么自行车把手的扭动又能使平衡恢复呢？

作用在自行车＋车手系统上的唯一两个外力是车手的体重和地面对自行车车轮的反作用力（图 5–1）：

- 重量的特点是垂直向下。它穿过该系统的重心，而重心取决于车手的姿势（参见 47 页"重心"）。因此，了解重心所在的位置是非常重要的。

- 当自行车在平坦的地面上行驶时，重量和地面反作用力属于同一垂直平面。地面反作用力的特点是垂直向上，作用于车轮与地面的接触点。由于自行车有两个轮子，因此地面反作用力分为两个部分，两者之和等于重量值。

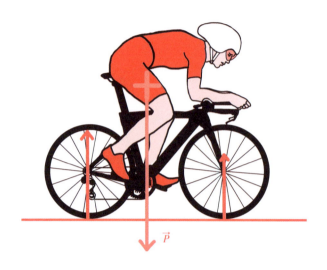

图 5-1　自行车和自行车手受到的力：车轮上的重量和地面反作用力

要使自行车保持平衡，重心必须保持在与地面接触区域（支撑面）的上方。由于与地面接触的区域非常狭窄，重心的微小移动都会导致系统横向失衡，难以控制。另一方面，轮胎越宽，支撑面就越宽，从而更容易与重心保持一致。

你将把手转向一边，增加了自行车与地面的接触面积，因此即使在静止状态下也能保持平衡。如果你站起来，重心就会提高，从而更容易保持平衡（图 5-2）！

扭矩

扭矩是一种扭转力。因此，它不仅取决于力的大小，还取决于杠杆臂，即旋转轴与力之间的距离。如果力穿过旋转轴，则对旋转没有影响，杠杆臂和扭矩为零。如果不是这样的话，扭矩则是力和杠杆臂的乘积。扭矩的

图 5-2　自行车手将把手转向一边，从而在自行车上站得更稳

正负取决于力引起物体旋转的方向：顺时针为正，逆时针为负。因此，扭矩不仅取决于力，还取决于力的作用点。如果一个物体不旋转，或者在不发生形变的情况下以恒定速度旋转，角动量守恒定律表明扭矩之和为零。

　　失衡的概念与扭矩相关，扭矩就是重量对自行车 / 车手系统的倾斜轴施加的力。例如，向右稍微失衡之后，重量会产生一个向右的扭矩，该扭矩会使自行车 / 车手系统倾倒（图 5-3）：$M = mg\,d\cos\theta$，其中 m 是系统的质量，d 是平衡时重心的高度，g 是重力常数，θ 是自行车 / 车手与垂直方向的夹角。因此，系统的平衡只能通过相反方向的等效扭矩 M 来保证。这就是为什么根据作用与反作用原理，转动车轮会使系统发生旋转，以抵消重量的旋转。这种旋转会产生一种离心力，产生一个与重量方向相反的扭矩：$-m\dfrac{v^2}{R}d\sin\theta$，其中 v 是系统速度，R 是轨迹半径。请注意，R 的大小与把手倾斜角度有关，角度越小，R 值就越大。

因此，自行车的再平衡与把手旋转有关，其公式如下：

$$\frac{v^2}{R}\tan\theta = g$$

图 5-3　倾斜角度为 θ 的自行车手。重量会导致倾斜

在低速行驶时，自行车的轨迹半径必须很小，这时如果想在一个非常小的圆形道路内转弯，就必须用力转动把手，而在高速行驶时，半径很大，自行车几乎是沿直线前进的，其轨迹的改变微乎其微。自行车手将力量传递到把手上以使前轮转动起来，从而控制倾斜度并保持平衡。在高速行驶时，即使一个很小的转向角也会使其与地面的接地点发生快速横向位移；在速度较慢时，则需要更大的转向角才能同样快速地达到相同的效果。因此，在较高的速度下，通常更容易保持平衡。

　　自行车和车手的组合重心越向前，前轮保持平衡所需的横向校正就越少。反之，车手的重心越靠后，前轮必须进行更多的横向校正，或者自行车必须行驶得更快才能恢复平衡。在最近推出的一些自行车上，车手几乎是趴着骑行的，自行车／车手系统的中心朝向前方，因此稳定性更好。建议车手将负载放置在自行车的下部，特别是把包悬挂在行李架两侧：如果重量靠近支点，即轮胎和地面之间的接触点，那么矫正扭矩的重要性就会降低，因为这时杠杆臂更短，需要的把手操作也更少。

　　其他技术要素，如车架设计，也对自行车的稳定性起到一定的作用。所谓的拖曳距是由从前叉延伸出的直线和穿过前轮与地面接触点的垂直线形成的角度（图 5-4）。它在自行车的操控和平衡中发挥着重要的作用。拖曳距越大，自行车就越稳

拖曳距

图 5-4　自行车的拖曳距：转向轴与前轮及地面接触点之间的水平距离

定。赛车的拖曳距很大，因为其目的是通过尽可能少地转动把手来保持运动轨迹，从而保持稳定性。

在低速行驶时，由于地面对前叉轴的反作用力所产生的扭矩，车架的倾斜会导致前轮旋转。拖曳距的一个后果就是影响直线行驶，因为拖曳距越大，阻碍把手旋转的摩擦扭矩就越大。反之，拖曳距越小，自行车的操控性就越好，因为阻碍把手旋转的摩擦力就越小，山地自行车就是这种情况。较小的拖曳距可以增加自行车的操控性，而较大的拖曳距则更容易纠正转向失误，避免在高速行驶时把手发生转动。

因此，自行车的平衡在很大程度上取决于把手的转动。你骑得越快，平衡性就越好，因为轻轻拉一下把手就能让你保持直行（图5-5）。反之，如果你试图让自行车自行前进，它最多只能前进10秒钟左右，并最终倒下。这就是为什么骑自行车时不使用双手是如此复杂，因为你必须笔直地行驶，而且不能让车把自己转动，否则就有摔倒的危险。

图5-5　正如爱因斯坦所说：
"人生就像骑自行车，想保持平衡就得不断前进。"

为什么自行车的驱动力取决于飞轮?

要让自行车前进,你就得蹬踏脚蹬,脚蹬带动链轮转动。由于链条的作用,链轮带动与后轮相连的齿形飞轮转动,从而使后轮转动起来。早期的自行车只有一种尺寸的链轮和飞轮。如今,我们有了更多的选择(图 5-6)。

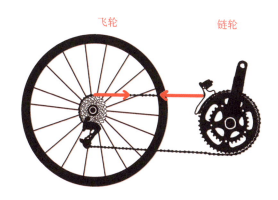

飞轮　　　　　链轮

图 5-6　后部的飞轮和链轮

专业人士都知道,在相同速度下,大链轮需要更大的蹬踏力,但蹬踏频率较低。另一方面,小链轮蹬踏起来更轻松,但你必须增加蹬踏频率才能达到相同的速度。当链轮转动一圈时,它会使飞轮上的齿(比如 32 个齿)产生旋转。如果飞轮的齿数较少,飞轮则会转动数圈。例如,如果飞轮有 16 个齿,蹬一圈脚蹬则会使车轮转动两圈。飞轮上有那么多齿有什么作用呢?飞轮越小,蹬一圈脚蹬前进的距离就越大,因此所需的蹬踏力也就越大。

　　齿比是指链轮齿数与飞轮齿数之比。作为频率的函数，它能影响蹬踏速度。让我们试着用一些公式来理解这个问题。首先，链条上的所有的点都以相同的速度转动，因此如果 R_{re} 是飞轮（自行车后部）的半径，R_{fr} 是链轮（自行车前部）的半径，f_{re} 是飞轮的旋转频率，f_{pedal} 是链轮以及脚蹬的旋转频率，也就是蹬踏频率，那么

$$2\pi f_{re} R_{re} = 2\pi f_{pedal} R_{fr} \qquad （图 5-7）$$

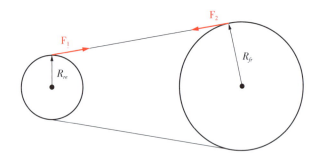

图 5-7　飞轮和链轮的受力示意图

　　根据作用力和反作用力原理，链条作用在链轮上的力与其作用在飞轮上的力方向相反。

　　由于齿比是链轮齿数与飞轮齿数之比，因此它也是前轮半径与后轮半径之比。根据上述关系，我们知道它等于：

$$sp = \frac{R_{fr}}{R_{re}} = \frac{f_{re}}{f_{pedal}}$$

　　显然，在齿比（如 53/11）较高时，相对于前轮，后轮的

旋转频率非常高，因为后轮与飞轮是一个整体，与飞轮具有相同的旋转频率。因此，自行车速度可以通过以下公式计算，其中 R_{wheel} 是车轮半径：

$$v = 2\pi f_{re}R_{wheel} = 2\pi R_{wheel} \times sp \times f_{pedal}$$

因此，齿比越大，速度就越快。但是要注意：当齿比增加时，要保持相同的蹬踏频率显然需要花费更大的力气！一般来说，建议自行车运动员找到最适合自己的蹬踏频率，并根据所需力度和目标速度调整齿比。大齿比，例如 53/11（=4.8），旋转频率为 111.4 转 / 分，可以让你时速达到 68.8 千米，就像马克·卡文迪什（Mark Cavendish）在平地冲刺时那样。另一方面，在爬坡时，自行车运动员会选择较小的齿比，例如 34/29=1.17，就像杰罗姆·皮诺（Jérôme Pineau）在意大利的佐科兰山（Monte Zocolan）爬坡时那样，他的时速达到了 6 千米。

但是，要想骑得快，光有大齿轮是远远不够的，还需要较高的蹬踏频率……根据作用力和反作用力原理，链条作用在链轮上的力与其作用在飞轮上的力方向相反。你需要了解在前部的链轮上施加多大的力才能在后部的飞轮上产生相同的效果。在齿比和蹬踏频率给定的情况下，自行车手所施加的力的大小与我们所说的链轮上力的扭矩有关，即力与到旋转轴的距离的乘积。与轴线（即链轮）的距离越远，扭矩就越大，因此需要施加更大的力。当两个链轮的齿比几乎相同时，例如 53/32 或 39/24，而且蹬踏频率也相同时，从理论上讲这两个链轮可以达到相同的速度，但较大的链轮需要施加更大的力。因此，经验丰富的自行车手更倾向于使用大链轮。那么，为什么不一直使用小链轮呢？因为通常情况下它产生的齿比比较小，从而导致速度较低。如果你想在平地上达到较高的速度，你可以选择使用大链轮和小飞轮，这样可以产生较大的齿比。问题的关键是，在你想要的速度和你能付出的努力之间找到一个平衡。

另一方面，对于相同的努力，即相同的扭矩，大链轮要求的蹬踏频率较低，因为它的杠杆臂较长。但反过来，你的速度会变慢，因为蹬踏频率较低会导致速度降低。这就是为什么经验丰富的自行车手能够使用大链轮骑得更快，因为大链轮要求车手付出更多的力气。

为什么体操运动员能围绕单杠旋转？

在向后大回环中，体操运动员张开双臂，身体基本伸直，完成一次完整的旋转（图5-8）。这通常在落地前以腾跃或空翻的形式出现。体操运动员在下降过程中加速，在上升过程中减速；她并不是以恒定的速度旋转。因此，存在角加速度和角减速度。重力使体操运动员在下降时发生旋转：重力作用在重心上，而重心不在旋转轴上，因此施加了一个值为 $mgl\sin\theta$ 的扭矩，其中 m 是运动员的体重，g 是重力，l 是重心和手臂末端之间的距离，θ 是与垂直线的夹角。因此，重力的扭矩发生了

图5-8 体操运动员围绕单杠旋转：向后大回环

123

改变，因为当运动员处于垂直（头朝上或朝下）状态时，扭矩为零，而当她处于水平状态时，扭矩最大。正如我们所见，重要的是杠杆臂。因此，如果体操运动员改变姿势，例如通过屈腿，她可以改变重心的位置（参见 47 页"重心"），从而改变杠杆臂的长度（图 5-9）。

　　在下降时，重力使运动员的速度加快，并使其身体保持直立，但在上升时，重力则会使她的速度减慢，她通过屈腿使重心靠近旋转轴，进而减小重力的制动力矩。用专业术语来说，这被称为弧形射出。

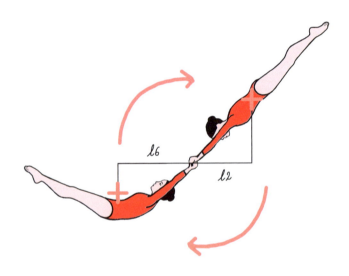

图 5-9　两个相反的姿势。为了回到原位，体操运动员通过屈腿使重心靠近旋转轴，减少了阻碍她的重力扭矩

在滑冰运动中，旋转时为什么要收拢手臂？

　　要想正确地旋转，首先必须确定平衡位置：重心必须位于旋转轴上（参见 47 页"重心"）。如果向后抬腿，重心就会向身体后部移动。因此，为了使重心保持在其原始位置附近，你需要根据旋转轴的位置使身体向前倾斜，正如滑冰运动员在做燕式平衡或燕式旋转时那样（图 5–10）。另一方面，如果你要向前伸腿做蹲踞旋转，则需要将重心向后移，尽量用脚后跟承受身体的重量。要想旋转得又快又好，就一定不能晃动，否则就会失去平衡。如果你真的晃动了，就必须通过将肩膀移到对侧来重新确立重心。

图 5-10　旋转重心必须位于旋转轴上

惯性矩

惯性矩表示物体旋转的困难程度，它考虑了物体的质量分布，而质量分布又取决于物体与旋转轴之间的距离。事实上，如果滑冰运动员收拢手臂和腿，而不是展开手臂和腿，她会转得更快。这并不是因为空气摩擦，而是因为质量离旋转轴越近，旋转就越容易。如果把身体分成小块，惯性矩 *I* 就是各块质量之和乘以它们离旋转轴距离的平方。惯性矩越小，物体越容易旋转。

以下是一名运动员的一些惯性矩数值（图 5–11）：

抱膝姿势，围绕重心旋转，
此时惯性矩 I=3.5 kg·m²

屈体姿势，围绕重心旋转，
此时惯性矩 I=6.5 kg·m²

直体姿势，围绕重心旋转，
此时惯性矩 I=15 kg·m²

直体姿势，围绕双手握住
的横杠旋转，此时惯性矩
I=83 kg·m²

126

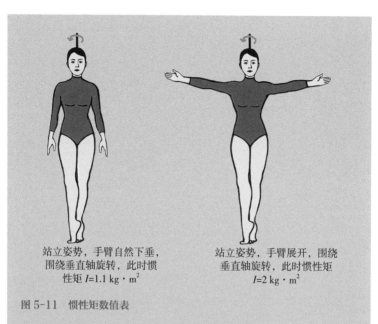

站立姿势，手臂自然下垂，围绕垂直轴旋转，此时惯性矩 $I=1.1 \ kg \cdot m^2$

站立姿势，手臂展开，围绕垂直轴旋转，此时惯性矩 $I=2 \ kg \cdot m^2$

图 5-11 惯性矩数值表

质量距离旋转轴越远，惯性矩就越大（比如空中飞人）。但如果位置给定了，惯性矩的大小取决于旋转轴是水平的还是垂直的。

角动量或动量

对于围绕旋转轴旋转的物体来说，角动量是其惯性矩 I（衡量物体对旋转方向变化的阻力）和角速度 ω 的乘积。角速度是单位时间内角度的变化量，等于角频率（单位时间内的转数）乘以因子 2π。

牛顿第二定律指出，物体角动量的变化等于物体所受力的扭矩之和。如果扭矩之和为零，例如如果所有的力都穿过旋转轴，那么角动量是守恒的。反之，该定律可以用来计算角动量的变化。

如果运动员在旋转时，角动量保持不变，但是改变了身体姿势，他的惯性矩 I 也会随之改变，从而改变了自己的角速度。只需改变身体姿势，运动员就可以改变自己的旋转速度。

滑冰运动员在旋转时，所受的两个力是重力和冰刀对冰面的反作用力。即使在寒冷的天气里，地面摩擦力和空气阻力都可以忽略不计。由于这两个力都作用在旋转轴的某些点上，角动量是守恒的。但是当你改变姿势时，速度就会发生变化：这就是我们看到的蹲踞旋转（速度快）和燕式旋转（速度慢）之间的区别。这一切都与惯性矩有关。

由于自身的动量，滑冰运动员积累了角动量，且角动量在旋转过程中保持不变：$I\omega$，其中 ω 是每分钟转数，I 是惯性矩（参见 126 页"惯性矩"）。为了使旋转速度 ω 最大化，我们需要使惯性矩 I 最小化，并使身体尽可能地靠近旋转轴。这就是为什么滑冰运动员会尽可能地收拢手臂或将手臂举过头（图 5-12）来实现加速。此外，当运动员屈膝直至坐下进

图 5-12　滑冰运动员在冰上旋转。通过收拢双臂并将其举过头顶，运动员减小了惯性矩。左侧的运动员双臂展开，此时惯性矩 $I=1.9$ kg·m²，旋转速度为 2 转/秒，而右侧的运动员双臂收拢，此时惯性矩 $I=0.8$ kg·m²，旋转速度为 4.75 转/秒，速度非常快！

行坐转体动作时，她们也会加速，因为她们的身体更贴近旋转轴。

　　滑冰跳跃也是如此。俄罗斯滑冰运动员通过把双臂举过头顶能在空中旋转4周。在这种姿势下，惯性矩比双臂在身体两侧时要小，从而使旋转更快，因此能在相同的时间内比竞争对手做更多的空中转体动作。

　　在燕式平衡动作中，滑冰运动员都会利用他们与旋转轴之间的平均距离来调节旋转速度。当张开手臂或腿时，旋转速度就会减慢，当身体收拢时，旋转速度就会加快。

为什么空翻中身体的旋转速度如此之快？

通过调整身体的姿势，跳水运动员、双手离杠的体操运动员或蹦床运动员可以在空翻中转得更快或更慢。在空翻中，身体收拢得越紧，旋转得就越快；身体伸展得越开，旋转就越慢（图 5–13）。惯性矩取决于物体的质量分布，而质量分布又取决于物体与旋转轴之间的距离。人体在运动过程中存在几种可能的旋转轴，包括冰上旋转或跳水转体时的垂直轴，空翻时横穿腰部的水平轴，骑自行车时与身体垂直的水平轴。

事实上，跳水运动员或从横杠上跃起的体操运动员都涉及两种运动：

- 一是重心运动，它取决于运动员体重和初始推进速度。对于跳水运动员来说，它是一个垂直自由落体运动；对于体操运动员来说，它是一个抛物线运动。
- 二是围绕重心的旋转运动。当重力穿过重心时，角动量保持不变：可以通过收拢身体实现加速，可以通过展开双臂和双腿实现减速。

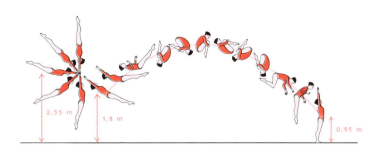

图 5-13 体操运动员从横杠上跃起。重心的抛物线运动和围绕重心的旋转运动。空翻中的身体收拢姿势。你可以通过展开双臂和双腿实现减速

　　在空翻中，角动量（惯性矩乘以旋转速度）保持不变。增加惯性矩就会降低旋转速度，反之亦然。在"惯性矩"方框中，惯性矩的数值表显示，在空翻中，身体收拢时，惯性矩大约是身体伸展时的1/5。因此，旋转速度要乘以5。在完成动作时，体操运动员必须以较低的角速度锁定自己的姿势。通过练习，运动员可以找到挺直身体的最佳时机：如果挺直身体过晚，就会仰面摔倒；如果挺直身体过早，双脚触地速度太快，也会摔倒。

第六章

数据统计

数据
统计

为什么不应过度依赖兴奋剂检测？

  反兴奋剂机构通过兴奋剂检测来判断运动员是否服用违禁药物。然而，一个简单的概率计算表明，那些被认为是可靠的检测产生的假阳性结果远超我们的预期。这会对运动员产生重大的影响。

  兴奋剂检测的敏感度决定了运动员被判定为阳性的阈值。这个阈值应该如何设定呢？如果设定的阈值较高，就会增加假阴性的数量（即检测结果为阴性，但实际上却服用了兴奋剂），同时减少假阳性的数量（即检测结果为阳性，但实际上并未服用兴奋剂，因为某些物质可能由人体自然产生）。相反，如果设定的阈值较低，就会减少假阴性的数量，而增加假阳性的数量。因此，阈值的选择会产生重大的后果。

  让我们假设检测的可靠性为95%，即在进行的100次检测中，有95次检测结果是正确的，5次检测结果是错误的。换句话说，如果运动员服用了兴奋剂，检测结果呈阳性的概率为0.95，呈阴性的概率为0.05。

  但让我们换个角度思考：如果检测结果呈阳性，那么误判一名未使用兴奋剂的运动员的风险有多大？要回答这个问题，我们需要列出所有的可能性。假设10%的运动员服用了兴奋剂，90%的运动员没有服用兴奋剂。在N次检测中，呈阳性的检测次数等于对服用兴奋剂且检测结果准确的运动员与对未服用兴奋剂但检测结果有误的运动员的检测次数之和。这是图6-1中的两条红色路径。这样，我们得到（$0.10 \times 0.95 + 0.90 \times$

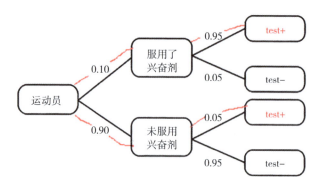

图 6-1　描述阳性与阴性检测结果的概率树状图

0.05）N 的阳性检测结果。

　　如果检测结果呈阳性，那么该检测所涉及的运动员未服用兴奋剂的概率，等于结果呈阳性的所有检测中未服用兴奋剂的运动员检测呈阳性的次数，即：

$$\frac{(0.90 \times 0.05)N}{(0.10 \times 0.95 + 0.90 \times 0.05)N} = 0.32$$

　　因此，尽管兴奋剂检测的可靠性很高，但未服用兴奋剂的运动员检测结果有大约 1/3 的概率呈阳性，这非常严重。这可能会对运动员的职业生涯产生重大影响。

人工智能如何协助足球教练？

在体育运动中，引入数据分析和统计始于棒球、篮球和网球。在足球运动中，这还是近期的事情：足球比赛中上场队员众多，他们跑动频繁，但最终进球数却寥寥无几。因此，要想弄清楚比赛的关键阶段并非易事，因为我们不能仅仅简单地将行动和进球联系起来。

人工智能主要基于三种耦合的方法：统计分析、计算机视觉和博弈论（图 6-2）。

博弈论是对球员所用策略的数学研究，用于识别趋势并预测某些结果。例如，它特别适用于判罚点球。被判罚点球的球员面临着二元选择：向左或向右射门。他面前的守门员也可以选择向左或向右扑救。在这种游戏中，只有对方输了，你才能赢——这就是所谓的零和游戏。每个射门的球员在某一侧的准确率更高。每个守门员都会根据射门球员的喜好和过去踢点球

图 6-2　足球教练利用人工智能的汇总图

137

的历史来调整自己的位置。借助概率、博弈论和纳什均衡的概念，我们可以更精确地分析事物并获得一定数量的信息。例如，博弈论表明，对于球员和守门员来说，随机选择一侧更为有效，以避免给出任何可用的暗示。

如今，人工智能可以用于实时检测、识别和追踪比赛录像中的球或球员。一些模型不仅可以准确地识别球员，还可以检测进球、传球和犯规等事件。因此，在比赛结束时，我们可以获得每位球员的犯规次数，以及根据场上位置或导致决定性事件的行为的精准量化信息。现在，视频加上人工智能可以帮助教练提取相关信息，并分离出明确的战术序列，以便更好地找出球队的优势和战术，或者相反，找出球队的弱点和失误。这有助于改进球队的训练，同时也可以研究对手的战术或弱点，从而制定出一个制胜的比赛策略。

这些模型还可以用于提取场上球员的位置统计数据。通过整合位置数据和事件数据，我们可以获得相关的概括性信息。例如，通过计算成功传球的次数，我们可以评估球员在比赛中某个阶段的表现，并确定他在球队中的最佳位置。在算法中，每个球员都有一个影响圈：半径越大，影响力就越大；半径越小，动作就越危险。算法还可以预测国家队的最佳球员阵容。

为了帮助招聘人员更好地决策，数据分析可以准确地给出球员优缺点的定量信息。现在，一些俱乐部能够通过算法模拟与目标球员的比赛，确保这些球员与球队的兼容性，并确定他们在场上的最佳位置。

仅仅收集大量数据是不够的，你还必须能够对这些数据进行分析并做出预测。这就涉及心理维度，但我们已经开始对此进行建模分析。那么，如果算法取代了教练会发生什么呢？

世界上速度最快的运动是什么？

这完全取决于你如何理解这个问题！

2019 年，埃利乌德·基普乔格成为世界上第一个在两小时内完成马拉松比赛的健全人运动员。但是轮椅竞速运动员几十年来一直在打破这个纪录：1999 年，瑞士运动员海因茨·弗赖（Heinz Frei）创造了最快的轮椅竞速马拉松官方纪录，比基普乔格快了 40 分钟。事实上，在所有 800 米及以上的奥运径赛项目中，速度最快的轮椅运动员都超过了健全人运动员：从 800 米开始，无论距离多长，保持纪录的轮椅运动员的速度几乎是恒定的（800 米时为 8.68 米 / 秒，1500 米时为 8.54 米 / 秒，10000 米时为 8.16 米 / 秒，马拉松时为 8.77 米 / 秒）。为什么马拉松运动员速度更快呢？因为马拉松比赛不是在田径跑道上进行的，弯道较宽，更容易让轮椅通过。在短距离比赛中，轮椅竞速纪录显然受到其起跑速度比健全人运动员更慢的影响。速度随着距离而发生小幅变化也使得残疾人运动员能够参加更多不同距离的径赛项目。朱利安·卡索利（Julien Casoli）曾多次在巴黎马拉松比赛中获得残疾人组别的冠军，也曾在欧洲和世界锦标赛的 800 米、1500 米和 5000 米项目中获得奖牌。

世界上哪种运动的最高时速是最快的？最快纪录是由羽毛球保持的，其最高时速可达 493 千米，高尔夫球的时速最高可达 339 千米，巴斯克球的时速最高为 300 千米。就运动员本身而言，速度滑雪运动员保持了最快的纪录，5 秒内时速达到了 250 千米，这比一级方程式赛车的加速度还要快。

然而，另一个问题也随之而来，即哪一项运动需要最快的速度，这次指的是反应速度。最快的网球发球速度约为260千米／时。假设对方在网球场另一侧的对角线上，球需要飞行约25米，留给对方的反应和接球时间为34毫秒。因此，顶尖运动员的发球通常是得分的（称为发球直接得分）。在棒球比赛中，投球和击球之间的时间估计为40毫秒，在此期间，18米外的击球手必须确定球的位置，预测其运动轨迹，决定是否挥棒，最后精准击打。

为什么十项全能比赛的计分
有利于短跑运动员？

　　2018 年以来的世界纪录保持者，同时也是奥运会和世锦赛上多枚奖牌获得者的凯文·梅耶尔（Kevin Mayer）使法国多年来一直在十项全能项目中大放异彩。十项全能比赛为期两天，包括跑步（100 米、400 米、1500 米、110 米栏）、跳跃（跳远、跳高、撑杆跳高），以及投掷（铅球、铁饼、标枪）等 10个田径项目（图 6-3）。为了将这些项目的成绩——有些是时间，有些是距离——结合起来，需要制定一套计分系统。根据一套成绩积分表，每个项目的成绩都会赋予一个预先确定的分数。这些分数逐项累计，10 项比赛后，最终得分最高的运动员获胜。

　　这套计分系统很庞大复杂，因为 10 个项目中的每一个项目的成绩赋分，都会从 1 分到 1200 分不等。最低成绩处于非常低的水平（远低于地区水平），最高成绩则超过该项目的世界纪录。如果有人能在每个项目上都打破世界纪录，那么他的

图 6-3　三种类型的项目：跑步、跳跃、投掷

积分将超过 12000 分。实际上，根据成绩 p（跑步的时间以秒为单位，跳跃的距离以厘米为单位，投掷的距离以米为单位）计算项目分数，公式如下：

$$f(p) = a\,|b - p|^{c}$$

其中 a、b 和 c 是固定参数，因项目而异，如表 6-1。

表 6-1　十项全能比赛中用于计分的系数

项目	a	b	c
100 米	25.4347	18	1.81
跳远	0.14354	220	1.4
铅球	51.39	1.5	1.05
跳高	0.8465	75	1.42
400 米	1.53775	82	1.81
110 米栏	5.74352	28.5	1.91
铁饼	12.91	4	1.1
撑杆跳高	0.2797	100	1.35
标枪	10.14	7	1.08
1500 米	0.03768	480	1.85

这样，我们就可以计算出如何在每个项目中获得 900 分，从而使总分接近凯文·梅耶尔的世界纪录 9126 分（表 6-2）。需要注意的是，凯文·梅耶尔在短跑和跳远项目上的成绩好于铅球、铁饼、跳高及 1500 米。通过分析前 100 名运动员的平均成绩可以看出，所有的十项全能冠军都是如此（表 6-2 的最后一列）：

表 6-2　十项全能比赛中每个项目的成绩。第一列，每个项目获得 900 分所需的成绩。第二列，凯文·梅耶尔获得 9126 分所需的成绩。第三列，前 100 名运动员的平均成绩

项目	900 分/项	9126 分（凯文·梅耶尔）	前 100 名运动员的平均成绩
100 米	10.82 s	10.55 s（963 pts）	10.76 s（915 pts）
跳远	7.36 m	7.8 m（1010 pts）	7.66 m（975 pts）
铅球	16.79 m	16.00 m（851 pts）	15.47（819 pts）
跳高	2.10 m	2.05 m（850 pts）	2.06 m（859 pts）
400 米	48.19 s	48.42 s（889 pts）	48.22 s（899 pts）
110 米栏	14.59 s	13.75（1007 pts）	14.23 s（945 pts）
铁饼	51.4 m	50.54（882 pts）	46.92 m（807 pts）
撑杆跳高	4.96 m	5.45（1051 pts）	4.95 m（895 pts）
标枪	70.67 m	71.90（918 pts）	46.46 m（832 pts）
1500 米	4 min 7.4 s	4 min 36.11 s（705 pts）	4 min 34.12 s（718 pts）

从前 100 名运动员的平均成绩来看，他们的短跑（100 米和 400 米）、110 米栏和跳远成绩优秀，这些项目都基于短距离的快速奔跑。然而，在 1500 米和投掷项目（铅球、铁饼、标枪）上，他们的成绩非常差。这意味着参加十项全能比赛的运动员主要是短跑运动员，而不是投掷运动员或耐力运动员，这与计分方式有很大关系，投掷项目不占优势。

的确，如果我们假设在获得 900 分的基础上再提升 5% 的成绩，我们可以利用表 6-3 计算出相应的分数。所得分数的计算公式如下：

$$p\frac{f'(p)}{f(p)} \times 900 \times 0.05$$

请注意，短跑和跳跃项目的得分非常高（100 分及以上），

而投掷项目得分则很低（50 分）。因此，与投掷项目相比，短跑成绩超越平均水平更有价值。

表 6-3　成绩提升 5% 所得分数

项目	$pf'(p)/f(p)$ $=cp/|p-b|$	成绩提升 5% 所得分数
100 米	2.73	122.9
跳远	2.0	90.0
铅球	1.15	51.75
跳高	2.20	99.0
400 米	2.57	115.67
110 米栏	2.01	90.5
铁饼	1.19	53.5
撑杆跳高	1.69	76.0
标枪	1.19	53.5
1500 米	1.96	88.2

你可能会问，如果改变成绩积分表会发生什么呢？如果我们回头来看表 6-1 中的系数，我们会注意到 b 是一个阈值，不会带来任何积分，而且成绩越好，$|p-b|$ 的值就越大。由于 c 大于 1，表现出色的运动员通过提升成绩获得的积分要多于那些表现不佳的运动员。另一方面，跑步、跳跃和投掷的系数 c 分别约为 1.8、1.4 和 1.05，因此，提升跑步成绩获得的积分比提升投掷成绩获得的积分更多。

为什么网球的记分方式
会使比赛时间延长？

  任何关注网球比赛的人都可能会对其记分方式印象深刻。要赢得一场比赛，女子需要赢两盘，男子需要赢三盘。每盘比赛分6局进行，只要双方的局数相差两局。要赢得一局，你必须至少得到4分，并且在得到3分之后领先对手2分。分数不是从1到4开始计算的，每局第一分记为15、第二分记为30、第三分记为40。除此之外，如果没有2分的差距，得分的运动员根据自己是发球方还是接发球方得到一个发球方占先或接发球方占先。

  如果像手球或乒乓球那样以累计的方式逐个计分并宣布得分，会更简单。

为什么网球比赛中每局第一分记为15、第二分记为30、第三分记为40？

  这种特殊的计分方式源自法国僧侣发明并在文艺复兴时期广为流传的室内网球。室内网球通常在一个长方形场地上进行，通过一条球网将场地分为两个60英尺（1英尺=0.3048米）的区域。与球网平行的线分别标有15、30和40，取决于它们距离球场尽头的英尺数。一旦赢得1分，获胜的选手必须移动到下一条线上，使自己离球网更近一些。"网球"一词本身源自古法语中的"tenez"，在室内网球比赛中发球之前要说出这个词以提醒对手即将发球。后来这个词在英语中变形为"tenetz""tenes"，最终演变成了"tennis"。英语网球术语也源自古法语："deuce"，来自法语的"deux"表示还剩2分未赢；"love"表示零，来自法语单词"l'oeuf"（法语中的鸡蛋），它的形状确实像一个零！

在网球比赛中，必须赢得几分才能赢得一局，赢得几局才能赢得一盘，赢得几盘才能赢得一场比赛。这种计分方式对两位运动员中实力较强一位更为有利。

在运动员实力不等的情况下，赢得比赛的概率是多少呢？在比赛过程中，这个概率又会发生怎样的变化呢？为了简单起见，我们假定两个对手之间的相对实力是以各自赢得对方 1 分的百分比来衡量的。但实际情况并非如此，因为这些百分比实际上会随着双方的体力、发球与否等因素而变化。

例如，如果我们估计 X 赢 Y 1 分的概率为 $p=0.6$，这意味着平均而言，X 在与 Y 的 10 次对决中赢了 Y 6 分，而 Y 在 10 次比赛中只赢了 X 4 分（概率为 $1-p=0.4$，或按百分比计算为 40%）。这可能是对两位运动员之前的比赛进行统计评估而得出的结果。

然后，我们可以根据比分计算运动员 X 在与运动员 Y 的比赛中获胜的概率。在表 6-4 中（参见 148 页"计算获胜的概率"）我们看到，当比分为 0∶0 时，X 赢得比赛的概率为 73%，几乎是 3/4 的机会，远远大于他赢得 1 分时的六成机会。

表 6-4　根据比分，X 击败 Y 的概率表
已知
X 赢得比赛的概率为 60%
Y 赢得比赛的概率为 40%

Y\X	0	15	30	40	比赛
0	73.57%	84.21%	92.71%	98.03%	100.00%
15	57.62%	71.45%	84.74%	95.08%	100.00%
30	36.89%	51.51%	69.23%	87.69%	100.00%

Y\X	0	15	30	40	比赛
40	14.95%	24.92%	41.54%	69.23%	
比赛	0.00%	0.00%	0.00%		

如果 X 的比分是 40∶0，那么他赢得比赛的概率是 98%；如果双方是 40∶40 的平局，他赢得比赛的概率为 70%。

再看一下其他例子（表 6-5）：

表 6-5　根据比分，X 击败 Y 的概率表
已知
X 赢得比赛的概率为 75%
Y 赢得比赛的概率为 25%

Y\X	0	15	30	40	比赛
0	94.92%	97.56%	99.14%	99.84%	100.00%
15	87.01%	92.81%	97.03%	99.38%	100.00%
30	69.61%	80.16%	90.00%	97.50%	100.00%
40	37.97%	50.63%	97.50%	90.00%	
比赛	0.00%	0.00%	0.00%		

在这种情况下，X 对 Y 的获胜概率为 75%（即 3/4），在比赛开始时，X 有 95% 的获胜机会，而在"平局"（40∶40）时有 90% 的获胜机会。

与简单的累积比分不同，网球比赛先是计算分数，接着是局数，最后是盘数，这就放大了运动员之间的实力差距，但同时也增加了比赛的悬念。实际上，比赛的吸引力会维持更长的时间，因为随着每局的结束、每盘的结束，比分都会归零，比赛重新开始。而如果一名运动员6∶0输掉一盘后，他不得不继续进行比赛以累积得分，这样观众的兴趣会减弱，因为他必须追回所有的失分，比赛也会更快结束。

	0	15	30	40	比赛
0					100.00%
15		$+$ $\xleftarrow{\times p}$			100.00%
30		$\times q$			100.00%
40				$+$ $\xleftarrow{\times p}$ E $\times q$	
比赛	0.00%	0.00%	0.00%		

第 4 列的单元格的值为 100%，而第 4 行的单元格的值为 0。我们仍然需要计算局末平分情况下的获胜概率 (E)。

对一名赢得每 1 分的概率为 p 的运动员，我们正在计算从平局开始他赢得比赛的概率。

要赢得比赛，他必须

– 要么拿下下 1 分 (概率 p)，然后再拿下 1 分 (概率 p)，

– 要么输掉下 1 分 (概率 $1-p=q$)，然后拿下接下来的 1 分 (否则他就输掉了比赛)，这样他赢得比赛的概率为 E。

– 或者，反过来，拿下下 1 分但输掉了接下来的 1 分，最终赢得比赛的概率为 E。

因此，我们得到：$E=p^2+2qpE$，因为对于非此即彼类型的事件，概率需要相加，而连续事件的概率需要相乘。计算得出 $E(1-2qp)=p^2$。因此，在 $p=0.6$ 的情况下，我们得到 $E=0.6923$ (表格右下角的方框)。

请注意，如果 p 接近 1/2，例如 $p=1/2+\varepsilon$，其中 ε 很小，那么我们可以计算出运动员在领头项 $p=1/2+5\varepsilon/2$ 时赢得比赛的概率。因此，赢一局的概率大于赢 1 分的概率。我们看到，当 $\varepsilon=0.1$，赢一局的概率为 0.7，与表格中的 0.73 相差无几。在三盘比赛中获胜的概率变为 $1/2+9\varepsilon/2$。赢得比赛概率又增加了！

体育纪录是否存在进化法则?

体育纪录经常被打破,这是它们的宿命!但这又是如何发生的呢?是否存在普遍的法则?人类的极限是否存在?

一般来说,成绩提升主要由以下三个现象推动:装备的技术进步、技术创新,或是激励他人的冠军或教练的出现。

最明显的技术进步体现在标枪、撑杆和游泳的潜水衣的材料上。技术创新包括了像迪克·福斯贝里跳高新姿势,或是鲍勃·比蒙的跳远新姿势,以及游泳技术的改进。

根据不同项目,有些纪录似乎已经接近人类的极限,而其他一些纪录我们希望仍有提升的空间。让我们深入探讨一些体育运动项目的纪录。

男子跳高

自 1993 年哈维尔·索托马约尔打破 2.45 米的男子跳高纪录以来,这个纪录就一直保持未变(图 6-4)。有人也许会认为这个项目已经达到了极限,或者进一步的提升将非常有限。那么,跳高纪录的历史又是怎样的呢?

1900 年以前,跳高运动员采用的是剪式技术,它要求双腿上举,几乎呈坐姿起跳。随后人们发现,通过使胸部向后倾斜,直到身体侧倾,可以跳得更高——这就是滚式技术,1924 年世界冠军哈罗德·奥斯本(Harold Osborn)采用的就是该技术,他的跳高纪录达到了 2.03 米。

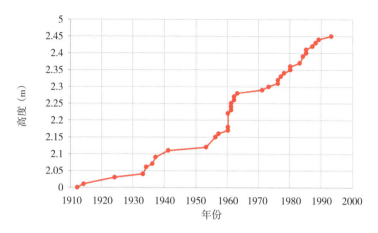

图 6-4　男子跳高纪录

　　1936 年出现了一种新的跳高技术，即俯卧式技术，它特别有助减少第二条腿的碰杆机会。约翰·托马斯（John Thomas）和瓦列里·布鲁梅尔（Valery Brumel）是 20 世纪 60 年代的伟大冠军，他们将跳高世界纪录提升到 2.28 米。从 1961 年到 1963 年，瓦列里·布鲁梅尔六次刷新了自己的世界纪录，每次提高了 1 厘米。

　　1936 年和 1960—1963 年间这两项新技术的出现，对应着纪录曲线斜率的显著变化。

　　此后，在 1968 年墨西哥城奥运会上，迪克·福斯贝里推出了一项令人惊叹的新技术——他背对横杆起跳。他起跳时肩膀向后倾斜，这使得他的骨盆比俯卧式时抬得更高，同时允许双腿短暂悬在身后，直到越过横杆才展开。

　　这种技术被称为"福斯贝里翻身"，即背越式技术。在墨西哥城，迪克·福斯贝里首次尝试就越过了从 2.03 米到 2.20 米的五个横杆，最终追平了同胞卡鲁瑟斯（Caruthes）2.22 米的成绩。然后，他成为唯——个越过 2.24 米的运动员，并获得了奥运冠军。起初，裁判拒绝接受他的跳法，但在确认规则中仅要求单脚起跳之后，他们接受了他的跳法。

经历了一段时间之后，这项技术才被广泛使用。背越式跳高的时代正式始于 1973 年，这一年创下了 2.30 米的世界纪录，直到 1993 年，哈维尔·索托马约尔突破了 2.45 米的大关。自那时起，时间已经过去了 30 年！然而，从 1973 年到 1993 年，该纪录的进展曲线几乎是一条直线，这可能预示着它仍有可能被打破……

因此，正是技术进步的出现突然改变了局面，纪录曲线起伏不定，无法预示未来的发展。

800 米（男子）

1912 年，当时国际田联决定批准主要的世界纪录时，男子 800 米的世界纪录为 1 分 51 秒 9，而现在的纪录是 1 分 41 秒 91，大约相差 10 秒。

为了使讨论 1972 年以来的世界纪录变得更有趣，我们可

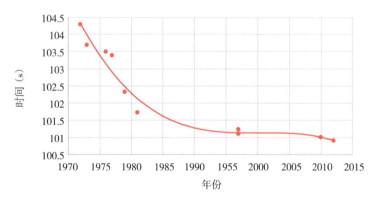

图 6-5　1972 年以来男子 800 米纪录

以将代表这些纪录的散点替换为一条能够尽可能地贴近这些点的曲线（图 6-5）。这被称为插值。

在 1997 年之前，纪录一直在下降，但下降的幅度越来越小。红色曲线切线的斜率为负值，但斜率的绝对值在减小。因此，它似乎变成了一条水平线，连续点的纵坐标逐渐趋近于一个极限，这将是人类可能达到的极限。这样，将纪录表示为时间的函数的曲线将呈现出数学家所说的渐近线。

但在 2010 年，大卫·鲁迪沙（David Rudisha）以 2/100 秒的优势打破了由威尔逊·基普凯特（Wilson Kipketer）保持的纪录，随后又以 1/10 秒的优势打破了这一纪录。在 2012 年的伦敦奥运会上，大卫·鲁迪沙在一场比赛中一直领先，打破了自己的纪录，跑进 101 秒以内，即 1 分 41 秒以内。此后，他一直保持不败。一位非凡的冠军再一次改变了曲线的走向，很难预测接下来它将会如何发展。

100 米自由泳

100 米自由泳的世界纪录曲线随时间变化呈现缓慢下降的趋势。在一些年份，曲线出现垂直部分，这意味着纪录被多次打破，而在其他时期，变化则较为缓慢。曲线上的一些垂直或几乎垂直部分与非凡的世界冠军相对应：1970—1972 年的马克·斯皮茨（Mark Spitz），1975—1976 年的吉姆·蒙哥马利（Jim Montgomery），1985—1988 年的马特·比昂迪（Matt Biondi），2008 年的阿兰·伯纳德（Alain Bernard）和埃蒙·苏利文（Eamon Sullivan）。20 世纪 70 年代的冠军不会入选今天的奥运会。

其中，有两个年份尤为突出：1976 年和 2008 年。1976 年，美国教练詹姆斯·康西尔曼（James Counsilman）开发的游

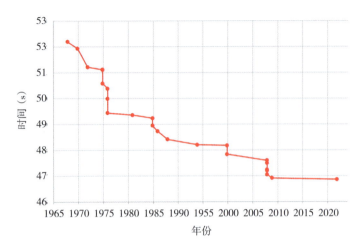

图 6-6　100 米自由泳世界纪录

泳技术得到了发展。接下来，2008 年是一个关键的年份，因为这一年引入了潜水衣，泳池深度也从 2 米增加到 3 米，从而减少了游泳阻力。在禁止使用潜水衣后，再次打破纪录可能需要一些时间，但自 2022 年以来纪录已经被打破了！很难预测这条曲线会走向何方。

100 米

自 2009 年以来，牙买加运动员尤赛恩·博尔特一直保持着 100 米的世界纪录，成绩是 9.58 秒，该纪录是在柏林世锦赛上创造的。他的纪录至今未被打破。2009 年，在柏林，博尔特刷新了他自己在一年前北京奥运会上创造的个人最好成绩，提高了 0.11 秒。但如果我们曾设想延伸这条曲线，原本应该需要 14 年。

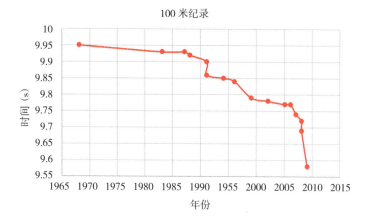

图 6-7　100 米世界纪录

这条显示着历年 100 米纪录的曲线令人惊叹。曲线的凹凸与预期相反，更令人惊讶的是，看似不可能的渐近线更像是一条垂线而不是水平线。几乎垂直的部分对应的是非凡的冠军：1987 年至 1991 年的卡尔·刘易斯（Carl Lewis），以及从 2007 年到 2009 年最新世界纪录的保持者尤赛恩·博尔特。

这表明了在世界冠军中杰出个体的重要性，以及将其纳入模型的难度！

关于 100 米纪录的可能极限，一直以来有很多猜测。四十年前，有人预测人类的 100 米纪录为 9.60 秒。博尔特打破了这个预测。从那时起，人们一直在想我们是否能达到 9.55 秒、9.48 秒、9.29 秒……博尔特本人则认为纪录不会低于 9.40 秒。

在他之前，概率模型表明，突破 9.58 秒大关的概率为 0.64%，这证明博尔特确实是一名非凡的运动员！这改变了我们对人类能力的认识。如今，突破 9.55 秒大关的概率估计为 1.02%，而突破 9.5 秒的概率为 0.52%。

许多数学模型都试图揭示纪录演变的规律。在许多体育项目中，纪录呈指数级下降，打破纪录所需要的时间也越来越长。有估计称，如果条件不变，到2027年，纪录的提升将不会超过0.05%。但装备技术和运动技术仍在不断发展，比赛规则也在变化。

迄今为止，人类的极限仍然是不可预测的，非凡的运动员将令我们惊叹。美国游泳运动员迈克尔·菲尔普斯（Michael Phelps）打破了37项世界纪录，他曾说过："你不能对任何事情设限。梦想有多远，你就能走多远！"

参考文献

第一章

[1] Aftalion, A. (2017). How to run 100 meters. SIAM Journal on Applied Mathematics, 77(4), 1320–1334.

[2] Aftalion, A., & Martinon, P. (2019). Optimizing running a race on a curved track. PloS one, 14(9), 0221572.

[3] Aftalion, A., & Trélat, E. (2020). How to build a new athletic track to break records. Royal Society Open Science, 7(3), 200007.

[4] Aftalion, A., & Trélat, E. (2021). Pace and motor control optimization for a runner. Journal of Mathematical Biology, 83(1), 9.

[5] Mercier, Q., Aftalion, A., & Hanley, B. (2021). A model for world–class 10,000 m running performances: Strategy and optimization. Frontiers in Sports and Active Living, 226.

[6] Wilson, D., Bryborn, R., Guy, A., Katz, D., Matrahazi, I., Meinel, K., Salcedo, J., Wauhkonen, K. (eds) (2008), IAAF track and field facilities manual. Monaco: Editions EGC.

第二章

[1] Griffing, D. F. (1995). The Dynamics of Sports—Why That's the Way the Ball Bounces. Kendall Hunt Pub Co.

[2] Hay, J. (1978). The biomechanics of sports techniques. Prentice–Hall.

[3] Helene, O., & Yamashita, M. T. (2005). A unified model for the long and high jump. American journal of physics, 73(10), 906–908.

[4] Herman, I. P. (2016). Physics of the human body. Springer.

[5] Lichtenberg, D. B., & Wills, J. G. (1978). Maximizing the range of the shot put. American Journal of Physics, 46(5), 546–549.

[6] McGinnis, P. M. (1997). Mechanics of the pole vault take–off. New studies in athletics, 12, 43–46.

[7] Tan, A., & Zumerchik, J. (2000). Kinematics of the long jump. The Physics Teacher, 38(3), 147–149.

[8] White, C. (2010). Projectile dynamics in sport: principles and applications. Routledge.

第三章

[1] Alam, F., Steiner, T., Chowdhury, H., Moria, H., Khan, I., Aldawi, F., & Subic, A. (2011). A study of golf ball aerodynamic drag. Procedia Engineering, 13, 226–231.

[2] Bower, R., & Cross, R. (2005). String tension effects on tennis ball rebound speed and

accuracy during playing conditions. Journal of sports sciences, 23(7), 765–771.

[3] Brancazio, P. J. (1981). Physics of basketball. American Journal of Physics, 49(4), 356–365.

[4] Brancazio, P. J. (1985). The physics of kicking a football. The Physics Teacher, 23(7), 403–407.

[5] Brody, H. (1979). Physics of the tennis racket. American Journal of physics, 47(6), 482–487.

[6] Brody, H. (1981). Physics of the tennis racket II: The "sweet spot". American Journal of Physics, 49(9), 816–819.

[7] Brody, H. (1997). The physics of tennis. Ⅲ. The ball – racket interaction. American Journal of Physics, 65(10), 981–987.

[8] Briggs, L. J. (1959). Effect of spin and speed on the lateral deflection (curve) of a baseball; and the Magnus effect for smooth spheres. American Journal of Physics, 27(8), 589–596.

[9] Carré, M. J., Asai, T., Akatsuka, T., & Haake, S. J. (2002). The curve kick of a football II: flight through the air. Sports Engineering, 5(4), 193–200.

[10] Chowdhury, H., Loganathan, B., Wang, Y., Mustary, I., & Alam, F. (2016). A study of dimple characteristics on golf ball drag. Procedia engineering, 147, 87–91.

[11] Clanet, C. (2015). Sports ballistics. Annual Review of Fluid Mechanics, 47, 455–478.

[12] Cross, R. (1998). The sweet spots of a tennis racquet. Sports Engineering, 1(2), 63–78.

[13] Erlichson, H. (1983). Maximum projectile range with drag and lift, with particular application to golf. American Journal of Physics, 51(4), 357–362.

[14] Mehta, R., Alam, F., & Subic, A. (2008). Review of tennis ball aerodynamics. Sports technology, 1(1), 7–16.

[15] Wesson, J. (2019). The science of soccer. Crc Press.

第四章

[1] Anderson, B. D. (2008). The physics of sailing. Physics Today, 61(2), 38.

[2] Armenti Jr, A. (1984). How can a downhill skier move faster than a sky diver? The Physics Teacher, 22(2), 109–111.

[3] Armenti, A. (1985). Why is it harder to paddle a canoe in shallow water? The Physics Teacher, 23(5), 310–313.

[4] Barbosa, T. M., Marinho, D. A., Costa, M. J., & Silva, A. J. (2011). Biomechanics of competitive swimming strokes. Biomechanics in applications, 367–388.

[5] Herreshoff, H. C., & Newman, J. N. (1966). The study of sailing yachts. Scientific American, 215(2), 60–71.

[6] Hignell, R., & Terry, C. (1985). Why do downhill racers pre–jump? The Physics Teacher, 23(8), 487–487.

[7] Landell-Mills, M. N. (2022). How fish swim according to Newtonian physics.

Researchgate preprint.

[8] Parolini, N., & Quarteroni, A. (2005). Mathematical models and numerical simulations for the America's Cup. Computer Methods in Applied Mechanics and Engineering, 194(9–11), 1001–1026.

[9] Quarteroni, A. (2022). Mathematics in the Wind. In Modeling Reality with Mathematics (pp. 67–84). Cham: Springer International Publishing.

[10] Toussaint, H. M., Hollander, A. P., Van den Berg, C., & Vorontsov, A. (2000). Biomechanics of swimming. Exercise and sport science, 639–660.

[11] Wilson, D. G., & Schmidt, T. (2020). Bicycling science. MIT press.

第五章

[1] Braune, W., & Fischer, O. (2013). Determination of the moments of inertia of the human body and its limbs. Springer Science & Business Media.

[2] Frohlich, C. (1979). Do springboard divers violate angular momentum

[3] conservation? American journal of physics, 47(7), 583–592.

[4] Frohlich, C. (1980). The physics of somersaulting and twisting. Scientific American, 242(3), 154–165.

[5] Jones, D. E. (1970). The stability of the bicycle. Physics today, 23(4), 34–40.

[6] Lowell, J., & McKell, H. D. (1982). The stability of bicycles. American Journal of Physics, 50(12), 1106–1112.

[7] Smith, T. (1982). Gymnastics: A mechanical understanding. Holmes & Meier Pub.

第六章

[1] Barrow, J. D. (2013). Mathletics, a scientist explains 100 amazing things about sports. Random House.

[2] Chang, Y. S., & Baek, S. J. (2011). Limit to improvement in running and swimming. International Journal of Applied Management Science, 3(1), 97–120.

[3] Fischer, G. (1980). Exercise in probability and statistics, or the probability of winning at tennis. American Journal of Physics, 48(1), 14–19.

[4] Newton, P. K., & Keller, J. B. (2005). Probability of winning at tennis I. Theory and data. Studies in applied Mathematics, 114(3), 241–269.

[5] Noubary, R. (2010). What is the Speed Limit for Men's 100 Meter Dash. Mathematics and Sports, 43, 287.

[6] Tuyls, K., Omidshafiei, S., Muller, P., Wang, Z., Connor, J., Hennes, D., ... & Hassabis, D. (2021). Game Plan: What AI can do for Football, and What Football can do for AI. Journal of Artificial Intelligence Research, 71, 41–88.

[7] Record values can be found on Wikipedia.

致谢

首先，我要感谢伊曼纽尔·特雷拉（Emmanuel Trélat），与他一起研究跑步的数学模型是一种很大的乐趣，而这项工作正是这本书诞生的基础。

我也要感谢安德烈·德里奇（André Deledicq），因为这本书是在与他多次讨论后形成的。

我的许多同事，无论运动员还是非运动员，都用他们的评论、建议、热情或对我的问题的回答启发了我：保罗·马丁斯（Paul Martins）（Michèle Leduc）、皮埃尔－米歇尔·门格尔（Pierre–Michel Menger）、艾蒂安·盖翁（Etienne Guyon）、迈克·勒杜克（Michèle Leduc）、米歇尔·勒贝拉克（Michel Le Bellac）、艾蒂安·桑迪尔（Etienne Sandier）、拉斐尔·丹钦（Raphael Danchin）、查尔斯－爱德华·勒维兰（Charles–Édouard Le Villain）。为此，我要感谢他们所有人。

我还要衷心感谢法国国家科学研究院首席执行官安托万·佩蒂（Antoine Petit），是他鼓励我在法国国家科学研究院的杂志上发表文章，感谢我的编辑和她的同事们对我的信任、支持和建议。

最后，也是最重要的，我要感谢我的女儿海伦，感谢她仔细阅读了这些外文手稿。